SOCKEN STRICKEN

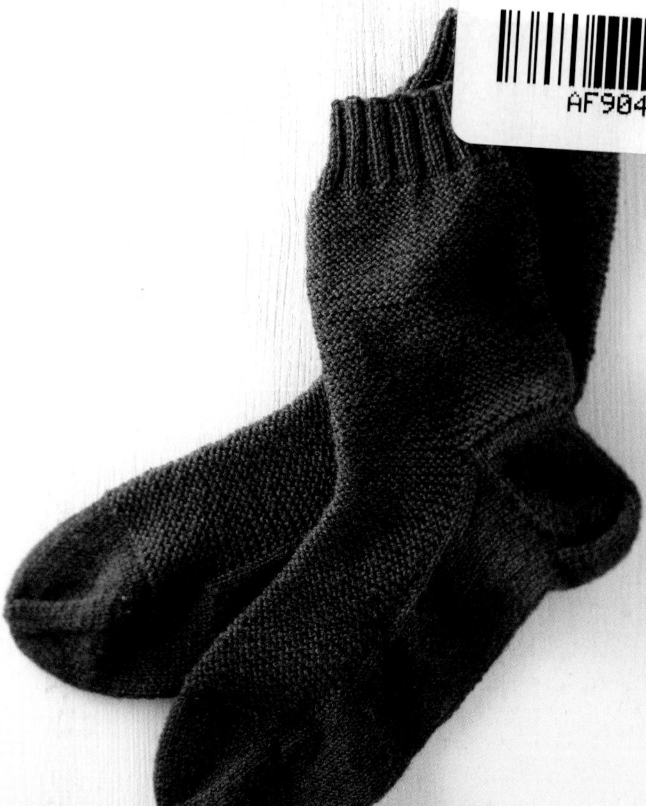

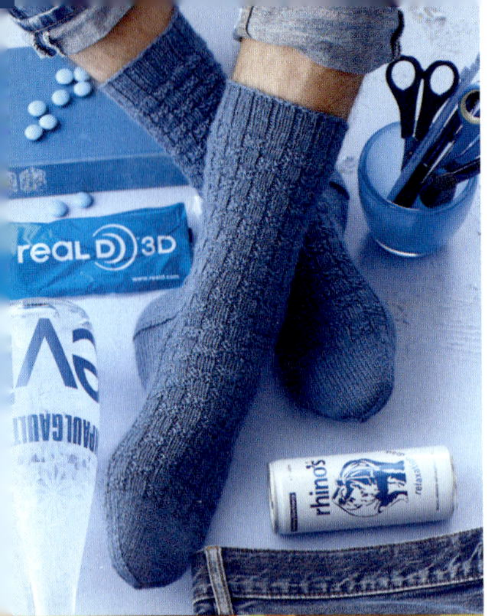

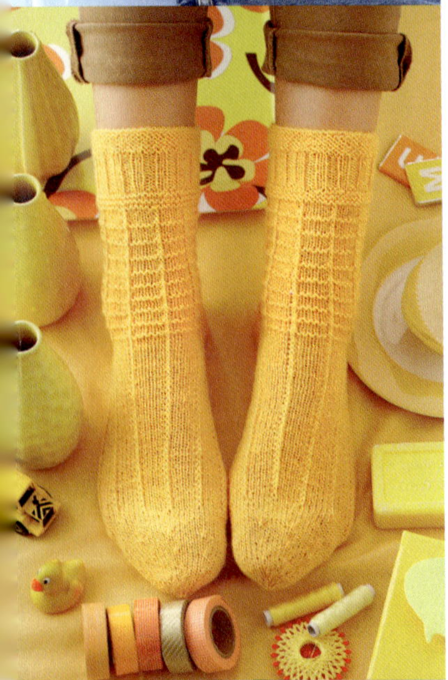

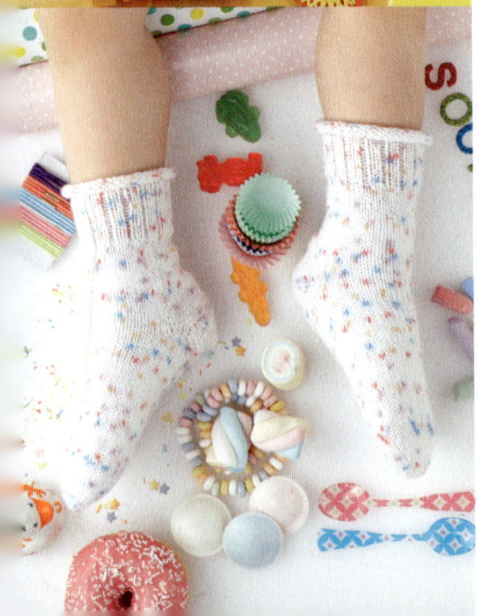

INHALT

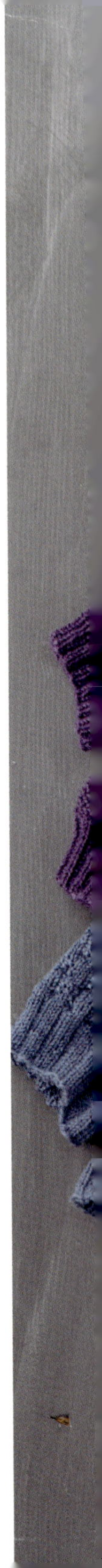

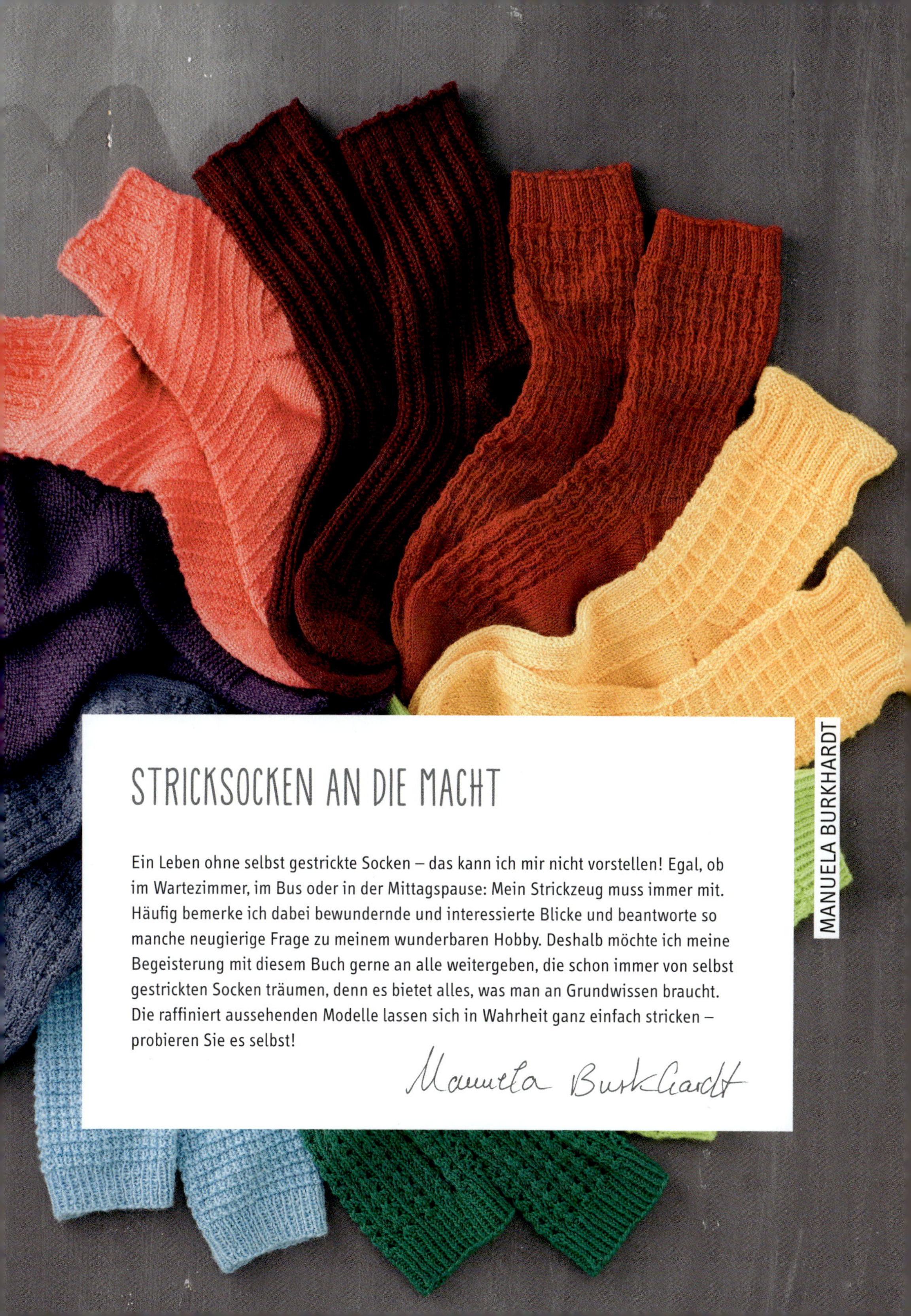

STRICKSOCKEN AN DIE MACHT

Ein Leben ohne selbst gestrickte Socken – das kann ich mir nicht vorstellen! Egal, ob im Wartezimmer, im Bus oder in der Mittagspause: Mein Strickzeug muss immer mit. Häufig bemerke ich dabei bewundernde und interessierte Blicke und beantworte so manche neugierige Frage zu meinem wunderbaren Hobby. Deshalb möchte ich meine Begeisterung mit diesem Buch gerne an alle weitergeben, die schon immer von selbst gestrickten Socken träumen, denn es bietet alles, was man an Grundwissen braucht. Die raffiniert aussehenden Modelle lassen sich in Wahrheit ganz einfach stricken – probieren Sie es selbst!

Manuela Burkhardt

MANUELA BURKHARDT

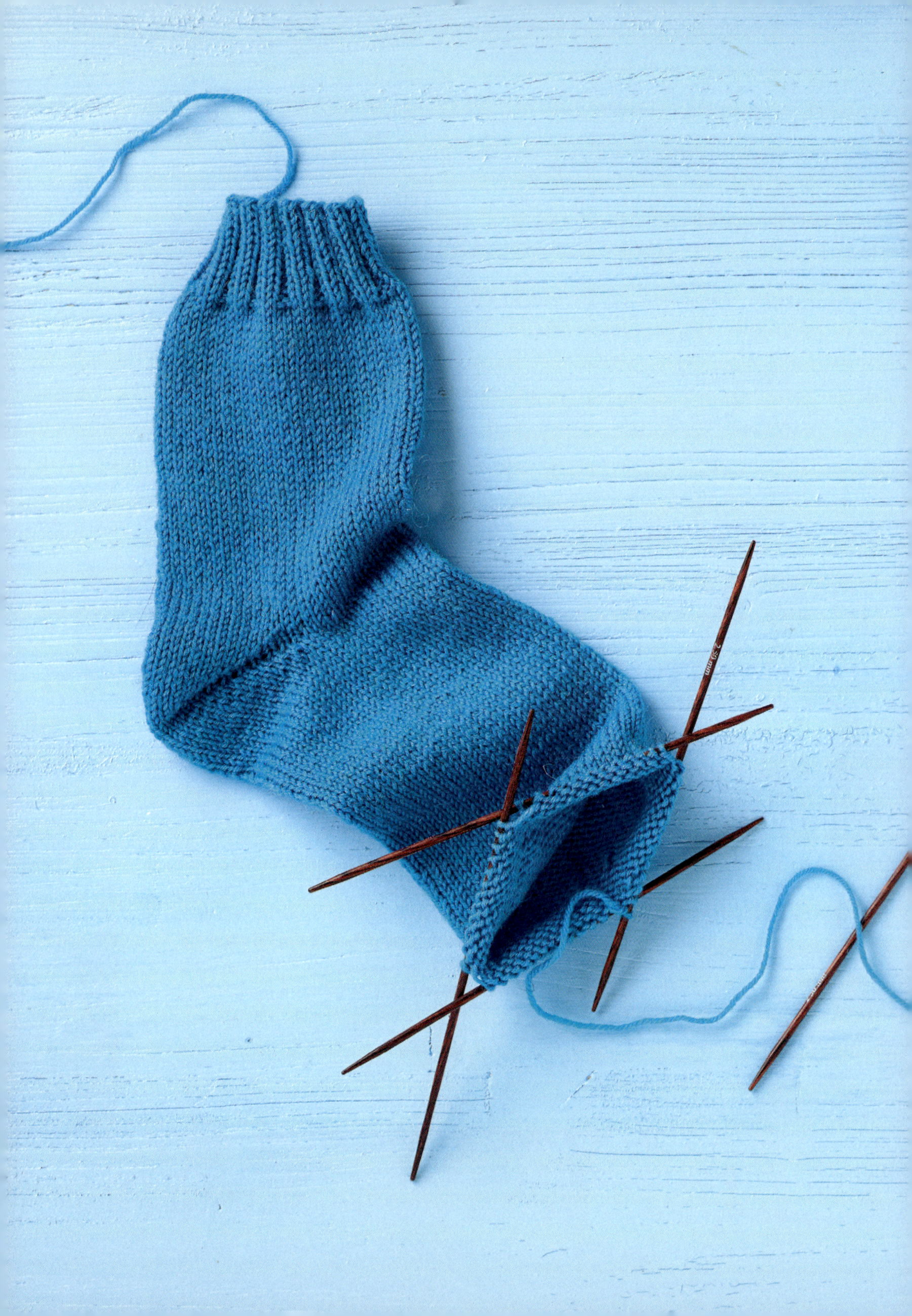

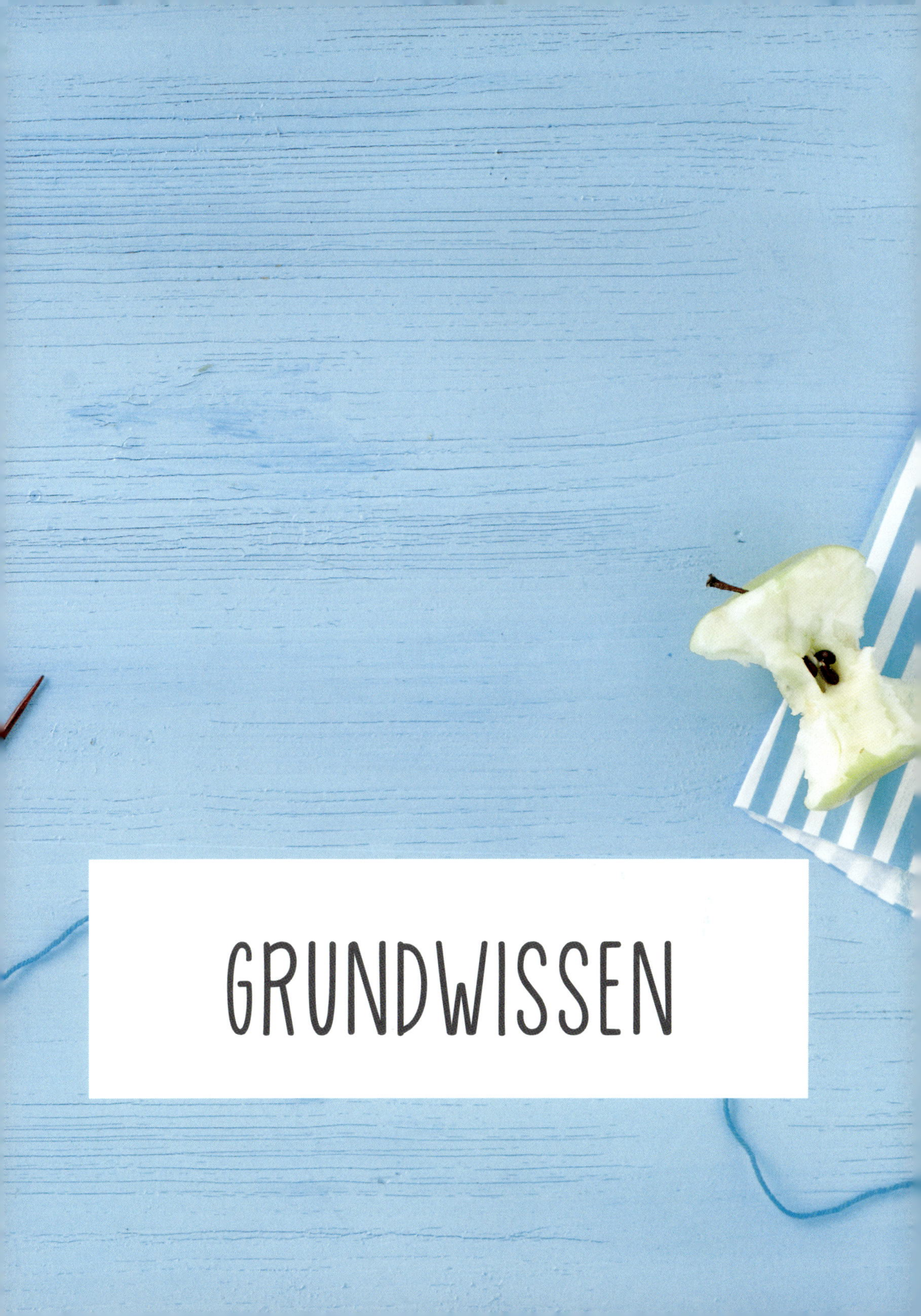

GRUNDWISSEN

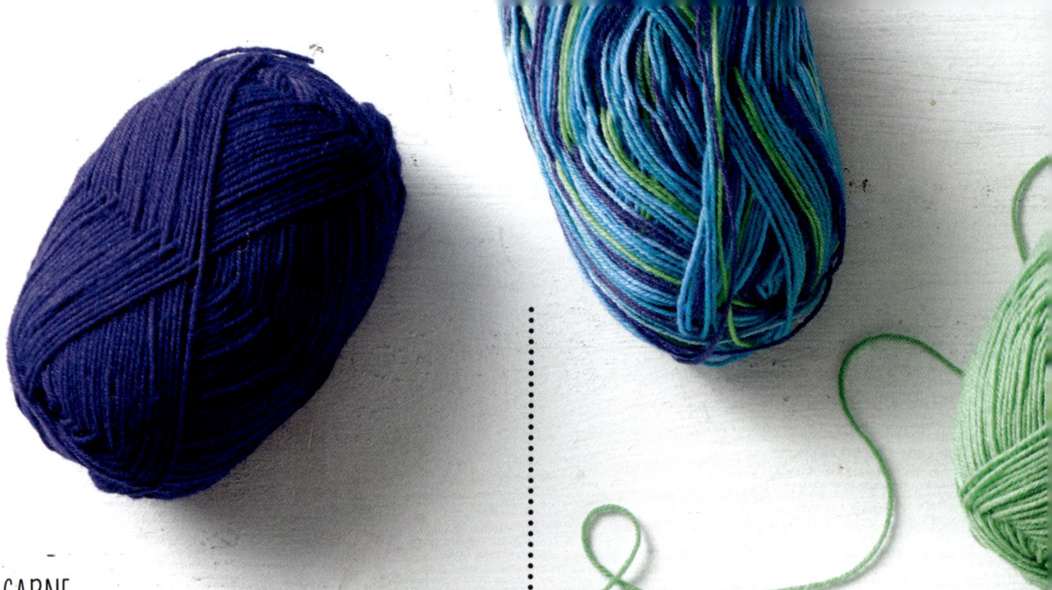

MATERIAL

GARNE

Das klassische Sockengarn ist ein **Schurwollgarn** mit meist 20-30 % Polyamidbeimischung. Diese Beimischung macht das Garn strapazierfähiger und die damit gestrickten Socken haltbarer. Zudem sind die Garne so ausgerüstet, dass sie in der Waschmaschine bei bis zu 40 °C gewaschen werden können. Sockengarne gibt es in **verschiedenen Stärken**, von 2- bis 8-fädig. In unserem Buch verwenden wir ausschließlich 4-fädiges Garn, weil es das gängigste ist und am häufigsten verarbeitet wird. Außerdem wird es überall in großer Auswahl angeboten.
Die aus solchen Garnen gestrickten Socken sollten nach den Angaben des Herstellers auf der Banderole gepflegt werden.
Sockengarne gibt es inzwischen in einer fast unendlichen **Farbenvielfalt**. Für Socken mit Muster eignen sich eher einfarbige Qualitäten. Für Anfänger sind selbstmusternde Garne, bei denen das Muster direkt aus dem Knäuel kommt, eine tolle Alternative. So wirken auch einfach glatt rechts gestrickte Socken sehr raffiniert.
4-fädige Sockengarne werden meist im **50-g- oder 100-g-Knäuel** angeboten. 100 g reichen zum Stricken eines Sockenpaares bis Schuhgröße 46. Damit die Knäuel beim Stricken nicht hin und her rollen, empfiehlt es sich, den Anfangsfaden aus dem Inneren des Knäuels herauszuziehen. Das erfordert anfangs zwar etwas Geschick und Übung, lohnt sich aber. Sollen aus selbstmusterndem Garn zwei identische Socken gearbeitet werden, so muss schon bei der ersten Socke darauf geachtet werden, mit einer markanten Musterstelle zu beginnen, die beim Beginn der zweiten Socke leicht wiederzufinden ist. Wichtig: Bei zwei 50-g-Knäueln beide Knäuel entweder von innen oder von außen abstricken!

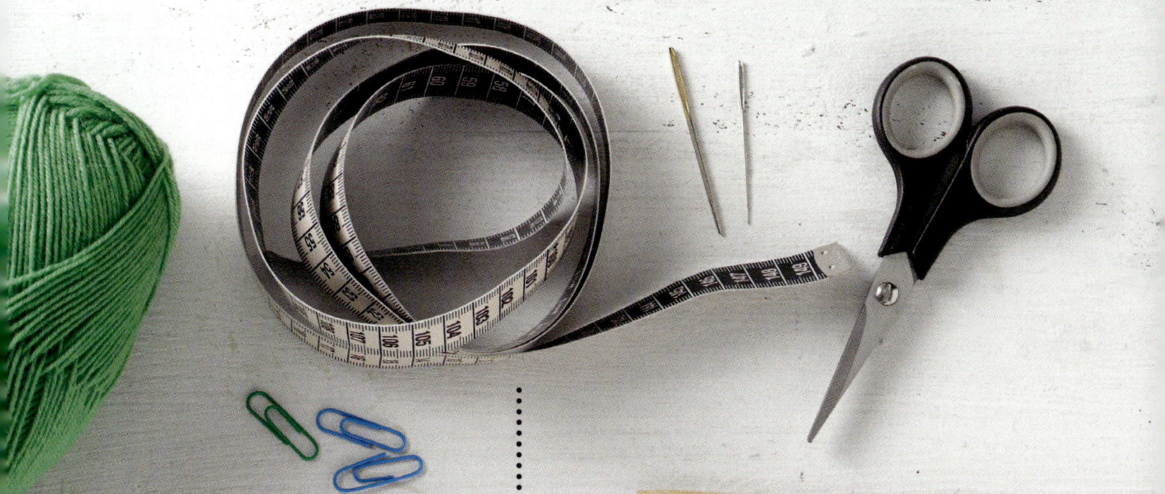

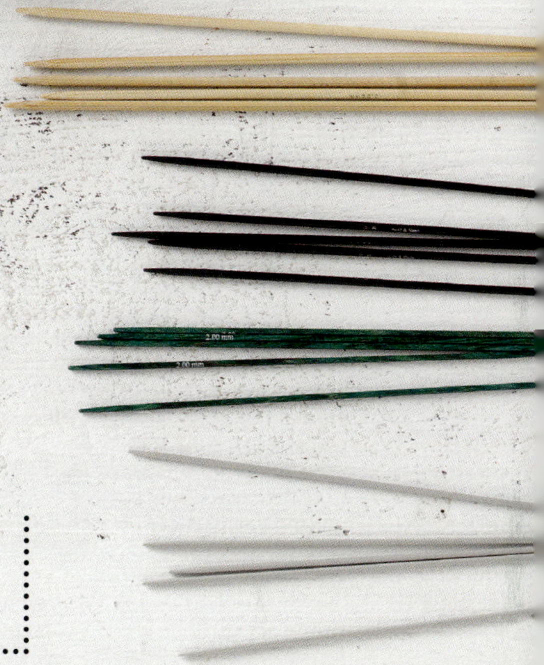

NÜTZLICHE HELFER

Je eine dicke **Stick- oder Stopfnadel** mit und ohne Spitze sind zum Vernähen der losen Fäden bzw. zum Zusammenziehen der letzten Maschen an der Spitze der Socke hilfreich. Eine gute **Handarbeitsschere**, die bis in die Spitze exakt und scharf schneidet, erleichtert die Arbeit. Zum Ausmessen der Fußlänge leisten ein **Maßband** oder ein Lineal gute Dienste. Auch einige **Maschenmarkierer** oder einfach ein paar Büroklammern sollten im Handarbeitskörbchen nicht fehlen.

NADELN

Socken werden üblicherweise mit einem **Nadelspiel** gestrickt. Dieses besteht aus 5 Stricknadeln gleicher Länge und Stärke, die an beiden Enden eine Spitze haben. Um **in Runden** stricken zu können, werden alle Maschen auf 4 dieser Spielnadeln verteilt, die 5. Nadel ist die Arbeitsnadel, mit ihr wird gestrickt. Nadelspiele gibt es in 20 cm und 15 cm Länge. Zum Verstricken von 4-fädigem Sockengarn werden in der Regel Nadeln der **Stärke 2,0 mm bis 3,0 mm** verwendet. Stricknadeln gibt es in den verschiedensten **Materialien**, von Aluminium über Bambus bis hin zu Edelhölzern. Während Aluminiumnadeln beinahe unverwüstlich sind und sich kaum verbiegen, sind Holz- und Bambusnadeln etwas empfindlicher, liegen dafür aber angenehmer in der Hand.

MASCHENPROBE

Damit die fertige Socke später auch genau passt und sich angenehm trägt, ist es sehr wichtig, die richtige **Nadelstärke** zu wählen. Dabei hilft die Maschenprobe, ein Probeteil, das man vor Beginn des eigentlichen Modells strickt. Sie dient dazu, die **Festigkeit** der eigenen Strickmaschen zu überprüfen. Auf den Banderolen von Garnen und bei Strickanleitungen ist meist schon eine Empfehlung für die richtige Nadelstärke abgedruckt. Diese Angaben sollten vor Beginn des Strickens mit den eigenen Werten verglichen werden. Dazu auf jeden Fall das **Originalgarn** verwenden und ein Probestück von ca. 12 cm x 12 im angegebenen Muster (bei Socken häufig glatt rechts) anfertigen, am besten mit einer mittleren Nadelstärke wie 2,5 mm beginnen.

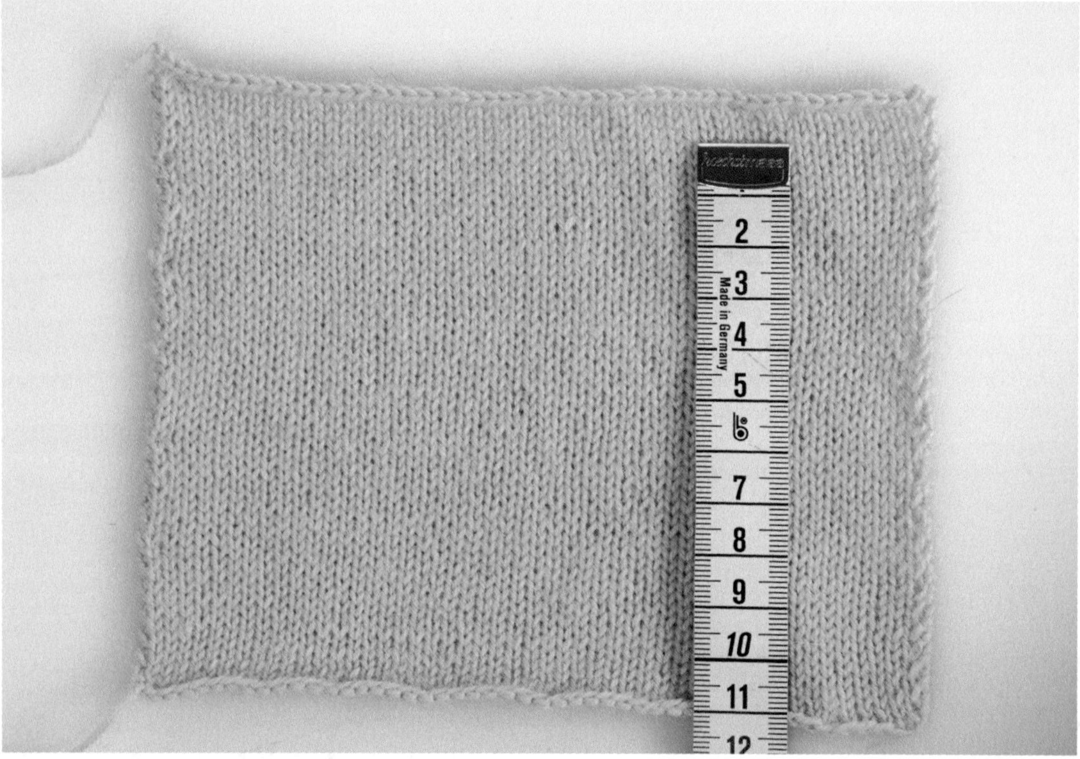

Nun wird ausgezählt, wie viele Maschen und wie viele Reihen jeweils 10 cm ergeben. Sind es mehr Maschen und Reihen als in der Vorgabe, wurde zu fest gestrickt. Dann sollte eine größere Nadelstärke ausprobiert werden. Sind es weniger Maschen und Reihen, so ist das Gestrick zu locker. Dann sind dünnere Nadeln zu verwenden. Es ist nicht schwierig, die richtige Nadelstärke zu finden, denn Nadelspiele gibt es in Abstufungen von 0,25 mm.

DER KREUZANSCHLAG

Jedes Strickstück beginnt mit einem **Maschenanschlag**, mit dem die Schlingen auf die Nadeln gebracht werden. Für Socken eignet sich der Kreuzanschlag besonders gut, da er einfach zu arbeiten ist, fest und elastisch ausfällt und von beiden Seiten ansprechend aussieht.

1
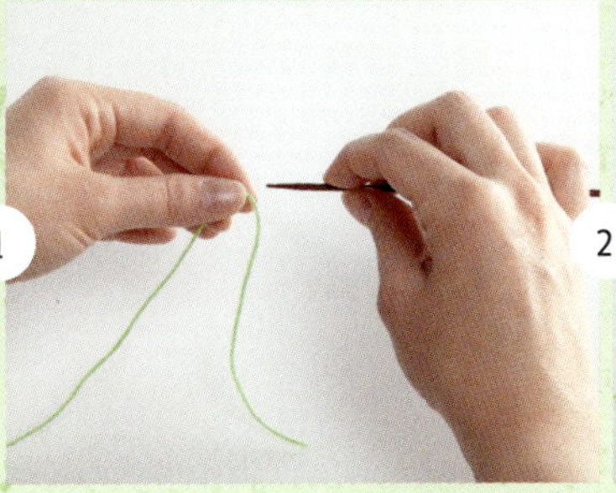

2
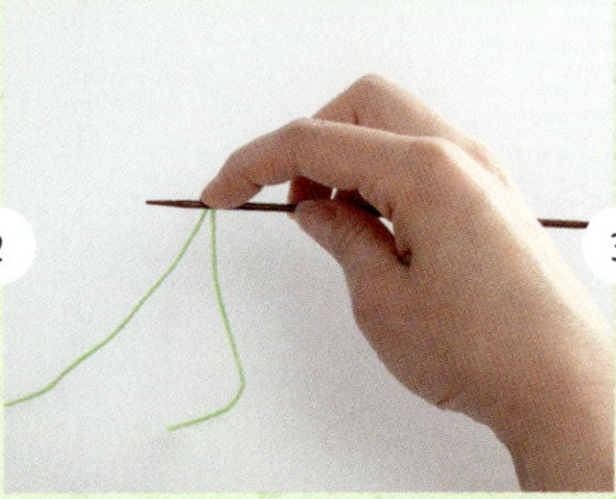

3
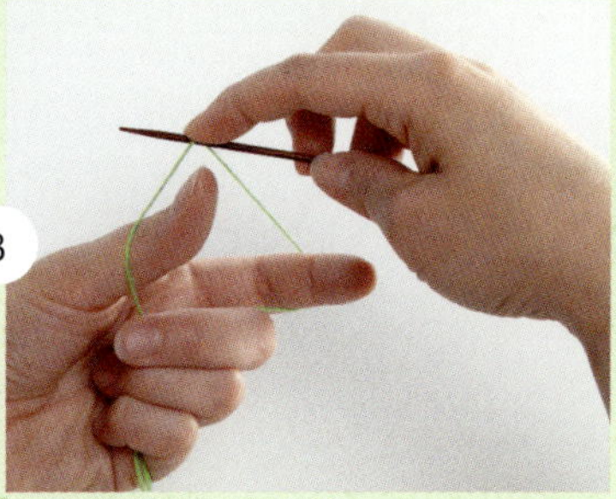

1 Den Faden, der vom Knäuel kommt **(= Arbeitsfaden)**, in die linke Hand, eine Spielnadel in die rechte Hand nehmen. **2** Die Nadel waagerecht halten und den Faden in ca. 80 cm Abstand vom Fadenende über die Nadel legen. (Hinweis: Im Foto wurde das Fadenende kürzer gelassen, damit es zu sehen ist.) Das lose Ende zeigt dabei zum Körper, der Arbeitsfaden läuft vom Körper weg. Den Faden mit dem rechten Zeigefinger ca. 2-3 cm von der Nadelspitze entfernt auf der Nadel festhalten. **3** Mit Daumen und Zeigefinger der linken Hand zwischen die beiden hängenden Fäden greifen, den Arbeitsfaden um den Zeigefinger und das lose Ende um den Daumen legen. Die beiden Fäden mit den drei anderen Fingern in der Handfläche festhalten.

4
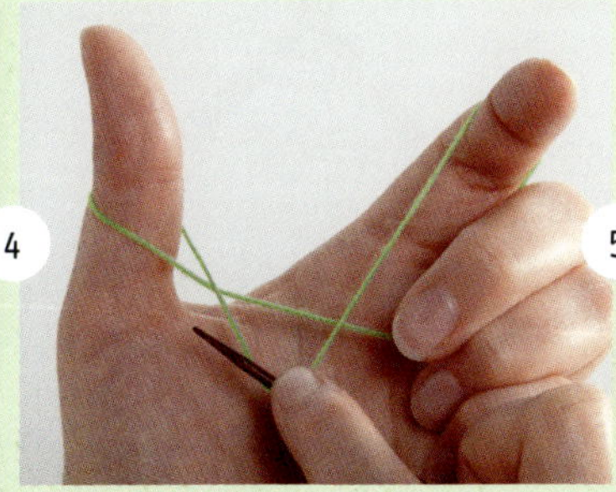

5
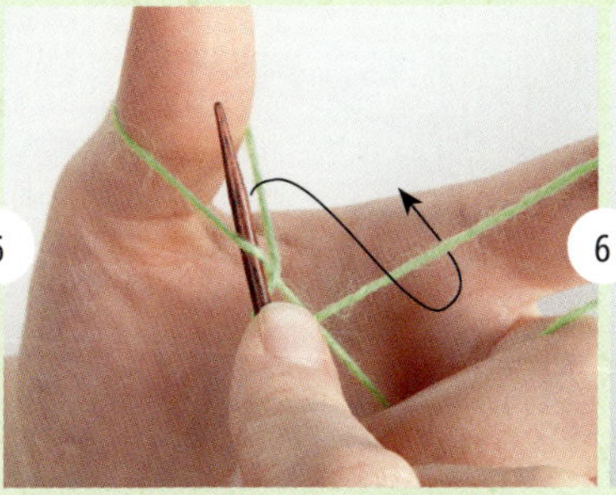

6
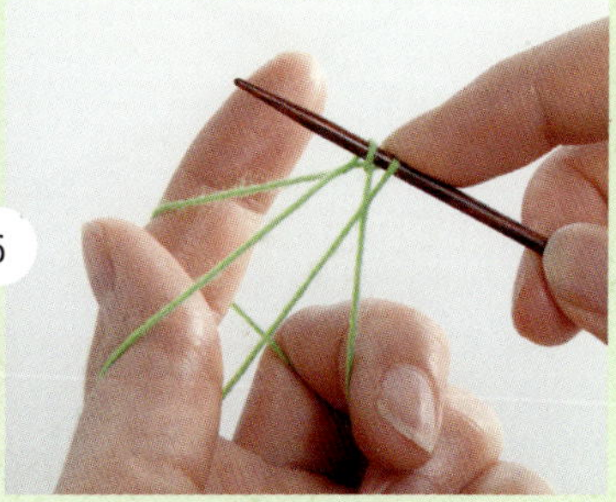

4 Die Nadel nach unten bringen, sodass sich eine Schlinge um den Daumen bildet. **5** Von unten in die Daumenschlinge einstechen. **6** Die Nadelspitze in Pfeilrichtung um den Arbeitsfaden führen und diesen durch die Daumenschlinge ziehen.

7
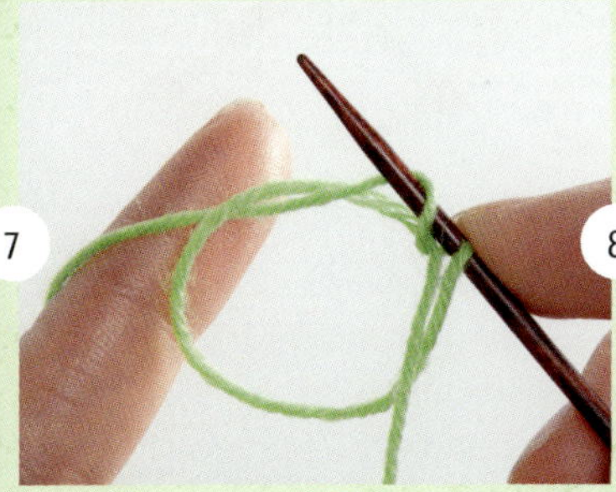

8
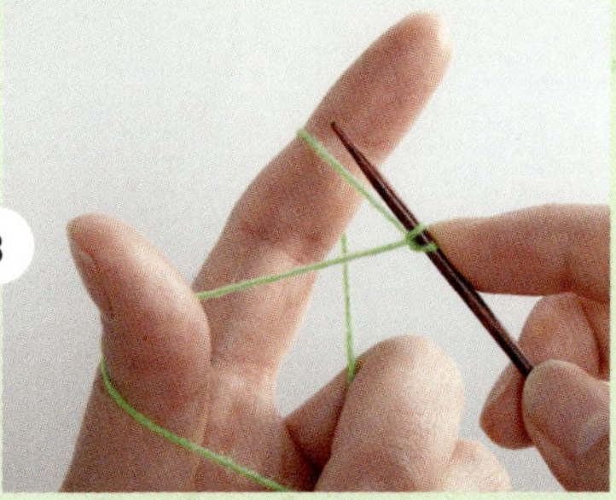

7 Den Daumen aus der Schlinge nehmen und die Schlinge vorsichtig auf der Nadel festziehen. Nicht zu fest und nicht zu locker! **8** Den Daumen heben. So wird automatisch die Ausgangsposition für die nächste Masche erreicht. Für weitere Maschen die **Schritte 4-8** wiederholen.

MASCHENARTEN

Zum Sockenstricken werden eigentlich nur die zwei **Grundmaschenarten** des Strickens benötigt: **rechte und linke Maschen**. Aus diesen beiden Maschenarten können schon attraktive Muster entstehen.

RECHTE MASCHEN

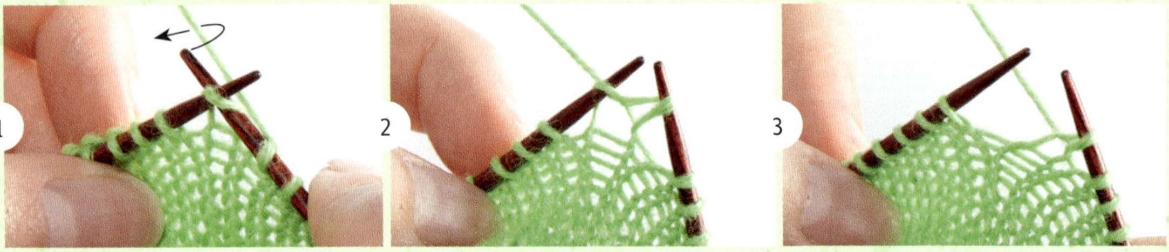

1 Mit der Spitze der rechten Nadel **(= Arbeitsnadel)** von vorn links nach hinten rechts in die nächste Masche einstechen. Die Nadel in Pfeilrichtung um den Arbeitsfaden herumführen ... **2** ... und den Faden durch die Masche ziehen. **3** Die Masche von der linken Nadel gleiten lassen und auf der rechten Nadel vorsichtig festziehen.

LINKE MASCHEN

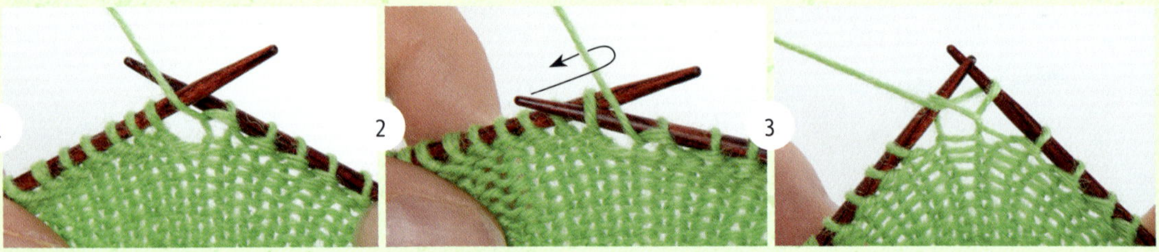

1 Den Arbeitsfaden nach vorn holen und vor die Nadel und die nächste Masche legen. **2** Mit der Arbeitsnadel von rechts nach links in die nächste Masche einstechen, dabei hinter dem Faden bleiben. Die Nadel in Pfeilrichtung um den Arbeitsfaden herumführen, ... **3** ... den Faden durch die Masche ziehen und diese von der linken Nadel gleiten lassen.

RECHTS VERSCHRÄNKTE MASCHEN

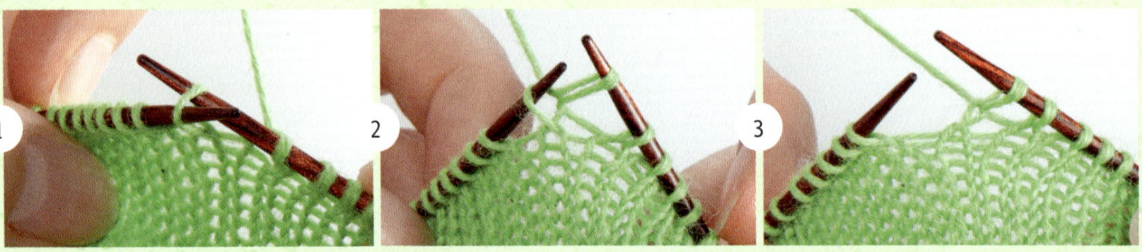

1 Mit der Arbeitsnadel von rechts nach links in die nächste Masche einstechen, der Faden liegt hinter der Nadel.
2 Den Faden holen wie bei der rechten Masche beschrieben und durch die Masche ziehen. Die Masche wird leicht in sich verdreht. **3** Die Masche von der linken Nadel gleiten lassen.

MASCHEN ABHEBEN

Für manche Zwecke müssen Maschen von der linken auf die rechte Nadel gehoben werden, ohne sie abzustricken. Das kann auf verschiedene Weise erfolgen. Beim Abheben wie zum Linksstricken kann der Faden entweder vor oder hinter der Arbeit liegen.

WIE ZUM RECHTSSTRICKEN

1 In die Masche wie zum **Rechtsstricken** einstechen. Der Arbeitsfaden liegt hinter der Arbeit. **2** Den Faden nicht durchholen, sondern die Masche einfach ungestrickt auf die rechte Nadel heben.

1

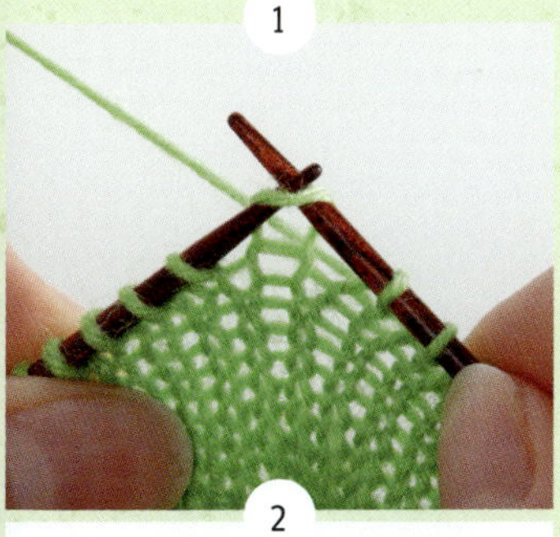

2

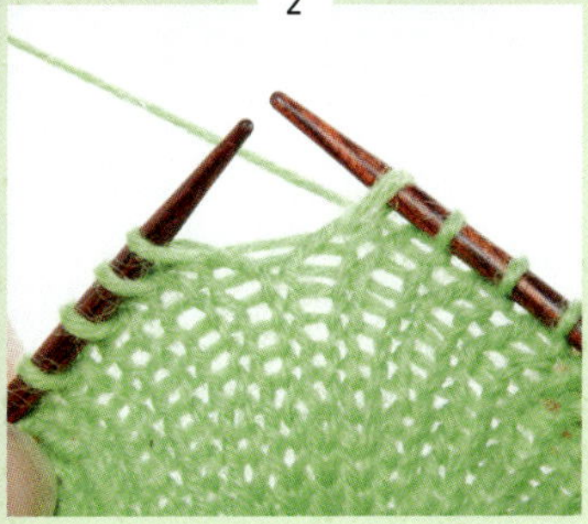

WIE ZUM LINKSSTRICKEN – FADEN VOR DER ARBEIT

1 In die Masche wie zum **Linksstricken** einstechen, der Faden liegt **vor der Arbeit**. **2** Den Faden nicht durchholen, sondern die Masche einfach ungestrickt auf die rechte Nadel heben.

1

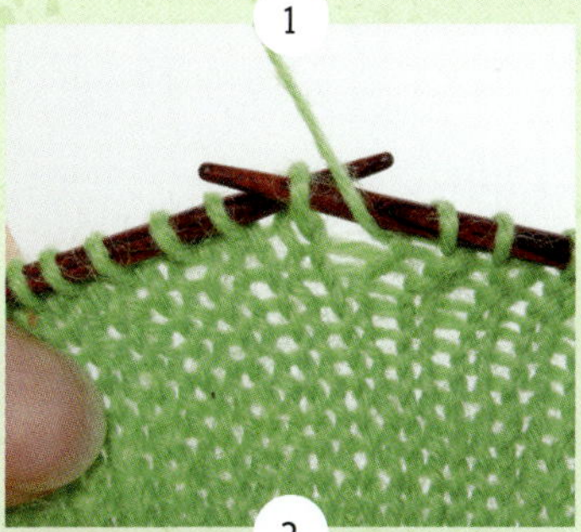

2

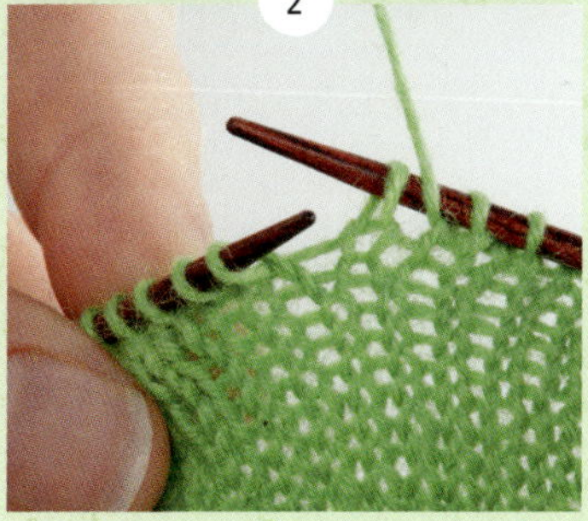

WIE ZUM LINKSSTRICKEN – FADEN HINTER DER ARBEIT

1 In die Masche wie zum **Linksstricken** einstechen, der Faden liegt **hinter der Arbeit**. **2** Den Faden nicht durchholen, sondern die Masche einfach ungestrickt auf die rechte Nadel heben.

1

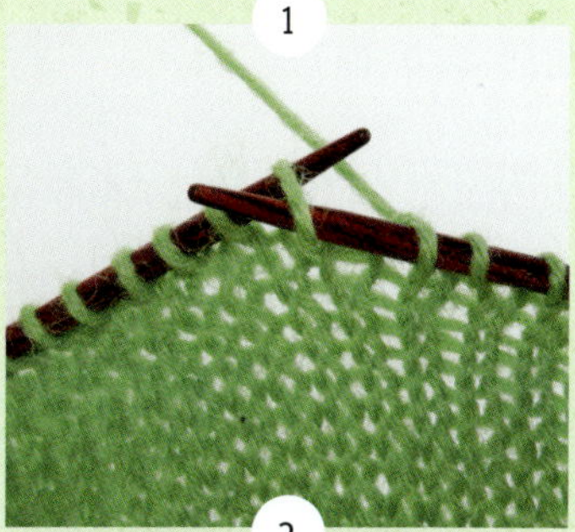

2

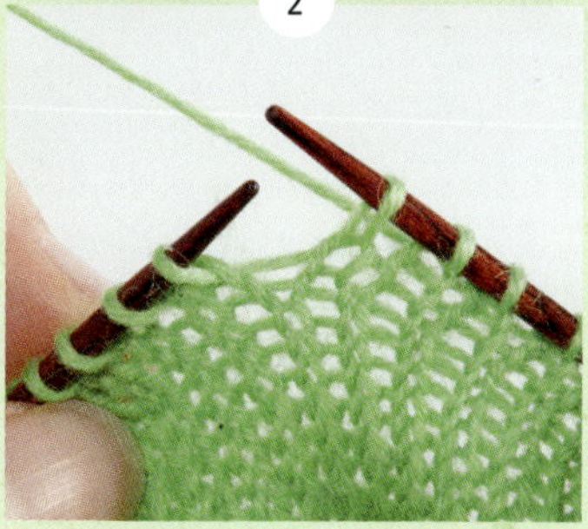

MASCHEN ABNEHMEN

Durch das Abnehmen von Maschen wird die Maschenzahl reduziert. Benötigt wird dies bei der Socke vor allem beim Fersenspickel der Käppchenferse und den Spitzen. Je nachdem, in welche Richtung sich die Abnahmen neigen, ergibt sich ein unterschiedliches Maschenbild.

2 MASCHEN RECHTS ZUSAMMENSTRICKEN

Diese Abnahme neigt sich im späteren Maschenbild **nach rechts.**

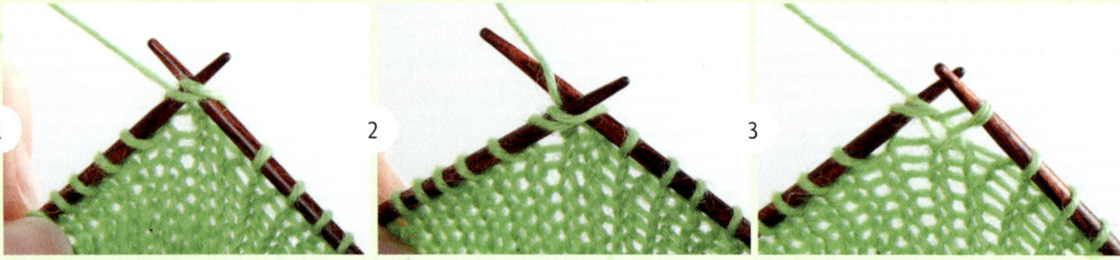

1 Mit der rechten Nadel (= Arbeitsnadel) wie zum Rechtsstricken in die beiden folgenden Maschen gemeinsam einstechen. **2** Den Faden holen ... **3** ... und beide Maschen zusammen rechts stricken.

2 MASCHEN RECHTS ABGEHOBEN ZUSAMMENSTRICKEN

Diese Abnahme neigt sich später optisch **nach links.**

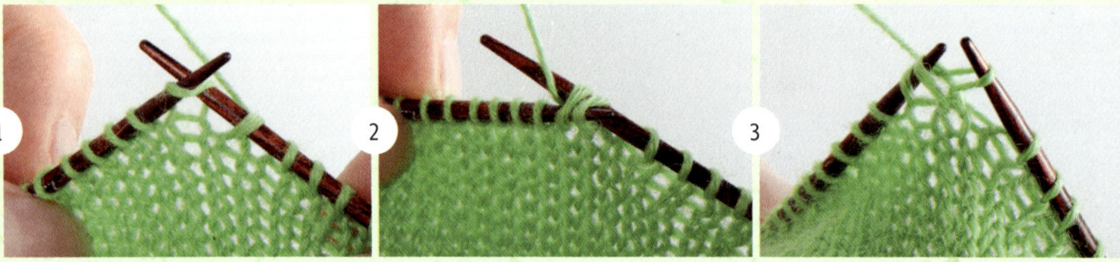

1 Eine Masche wie zum Rechtsstricken abheben. Die nächste Masche ebenfalls wie zum Rechtsstricken abheben.
2 Mit der linken Nadel von links nach rechts gleichzeitig in die beiden abgehobenen Maschen einstechen, den Faden holen ... **3** ... und wie gewohnt durch beide Maschen ziehen.

2 MASCHEN LINKS ZUSAMMENSTRICKEN

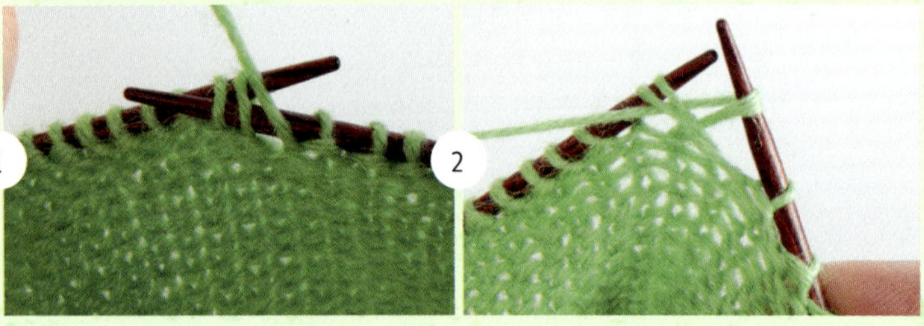

1 Den Faden vor die Arbeit legen. Mit der rechten Nadel in die nächsten beiden Maschen zusammen wie zum Linksstricken einstechen.
2 Den Faden holen und wie gewohnt durch beide Maschen ziehen.

TYPISCHE STRICKMUSTER

Einige typische Strickmuster kommen in fast allen Strickanleitungen vor und werden dort oft nicht mehr explizit erklärt.

KRAUS RECHTS

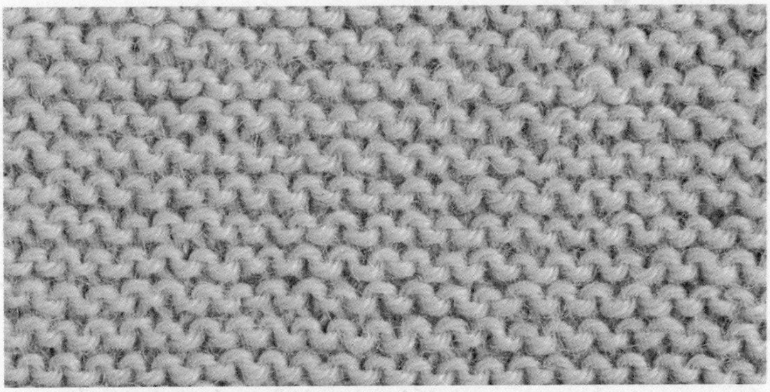

In Reihen:
In jeder Reihe **alle Maschen rechts** stricken.

In Runden:
1 Runde rechte Maschen, 1 Runde linke Maschen **im Wechsel** stricken.

GLATT RECHTS

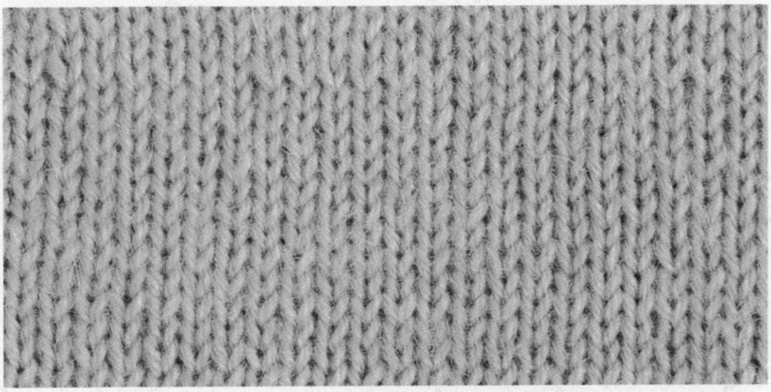

In Reihen:
In **Hinreihen** (= ungerade Reihenzahlen) rechte Maschen, in **Rückreihen** (= gerade Reihenzahlen) linke Maschen stricken.

In Runden:
In jeder Runde **alle Maschen rechts** stricken.

GLATT LINKS

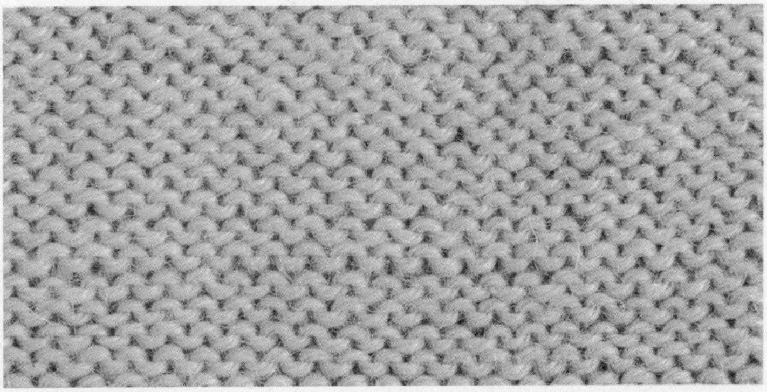

In Reihen:
In **Hinreihen** linke Maschen, in **Rückreihen** rechte Maschen stricken.

In Runden:
In jeder Runde **alle Maschen links** stricken.

TEILE DER SOCKE

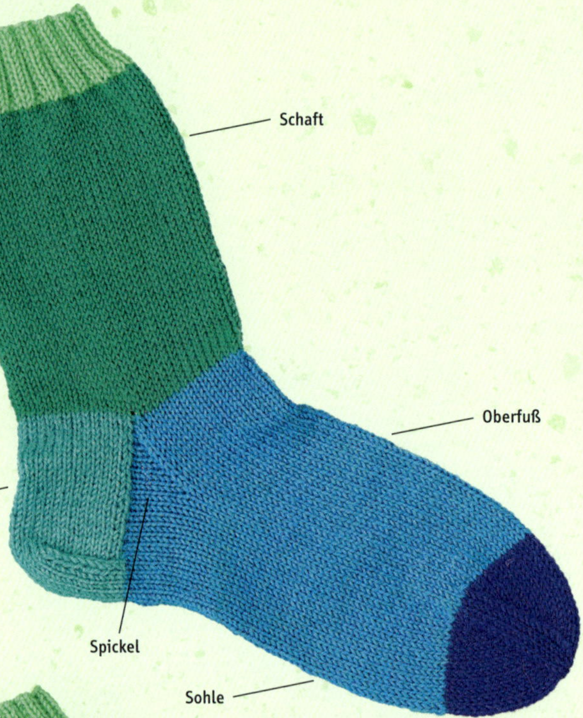

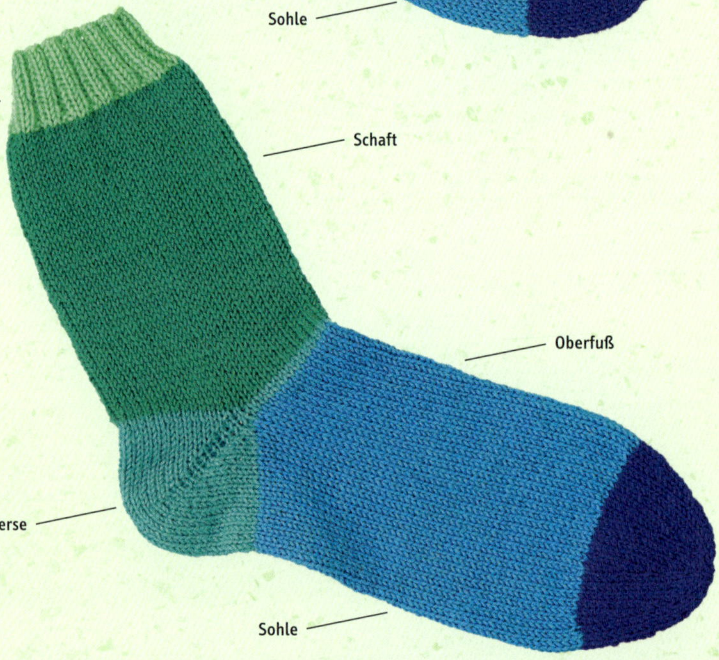

DAS BÜNDCHEN

Traditionell werden Socken mit dem Maschenanschlag am Bündchen begonnen und dann nach unten **Richtung Spitze** gestrickt. Wie viele Maschen für eine bestimmte Sockengröße angeschlagen werden, kann für das klassische 4-fädige Sockengarn ganz einfach der **Tabelle** (> Umschlagklappe) entnommen werden. Dafür ist es jedoch wichtig, dass auch die eigene **Maschenprobe** (> Seite 8) stimmt!

MASCHEN ANSCHLAGEN

Um später auf dem **Nadelspiel in Runden** stricken zu können, müssen die angeschlagenen Maschen gleichmäßig auf **4 Nadeln** verteilt und zur Runde geschlossen werden. Der Rundenschluss gelingt sehr einfach, wenn die Maschen zuerst auf 2 Nadeln angeschlagen werden.

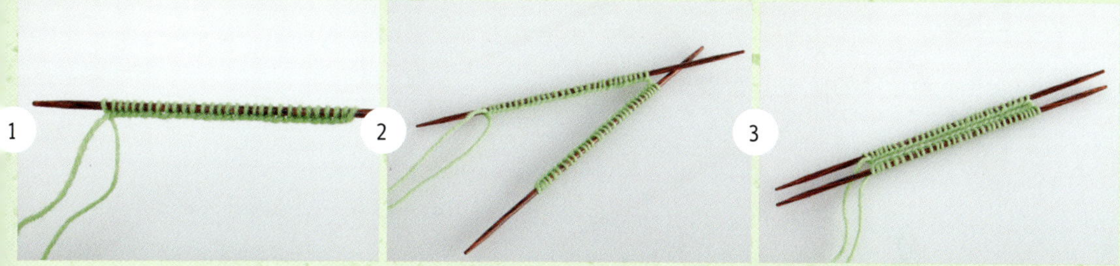

1 Die Hälfte der benötigten Maschen auf einer Spielnadel anschlagen. **2** Nun mit der zweiten Maschenhälfte auf der zweiten Spielnadel nahtlos fortfahren. **3** Die Unterkanten der angeschlagenen Maschen so aneinanderlegen, dass jeweils die gleichen, kordelartigen Seiten des Anschlags nach oben zeigen. Darauf achten, keine der Nadeln zu verdrehen! Die erste und die letzte angeschlagene Masche liegen direkt nebeneinander.

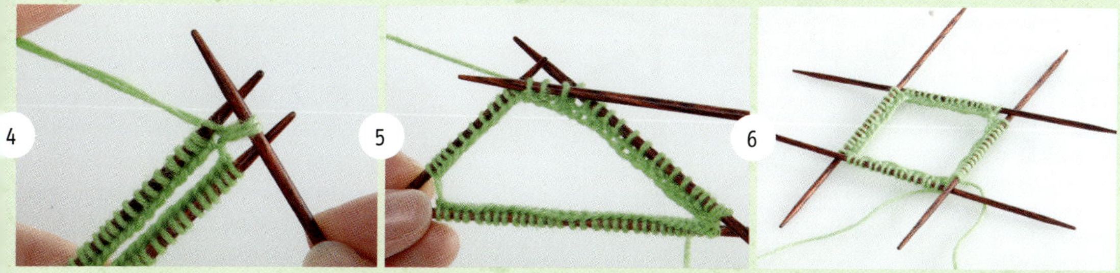

4 Eine dritte Spielnadel hinzunehmen und die erste angeschlagene Masche mit **doppeltem Faden** aus Arbeitsfaden und Fadenende stricken. **5** Alle weiteren Maschen im gewählten **Bündchenmuster** (> Seite 17) nur mit dem Arbeitsfaden stricken. Wenn ein Viertel der Maschen gestrickt ist, eine weitere Spielnadel hinzunehmen und mit dieser das nächste Viertel stricken. **6** Auf diese Weise die Maschen in der 1. Runde abstricken und auf 4 Nadeln verteilen.

STRICKEN MIT DEM NADELSPIEL

Wenn alle Maschen gleichmäßig auf 4 Nadeln verteilt sind, kann mit dem Nadelspiel in Runden gestrickt werden. Die 5. Nadel ist die **Arbeitsnadel**, mit der gestrickt wird.

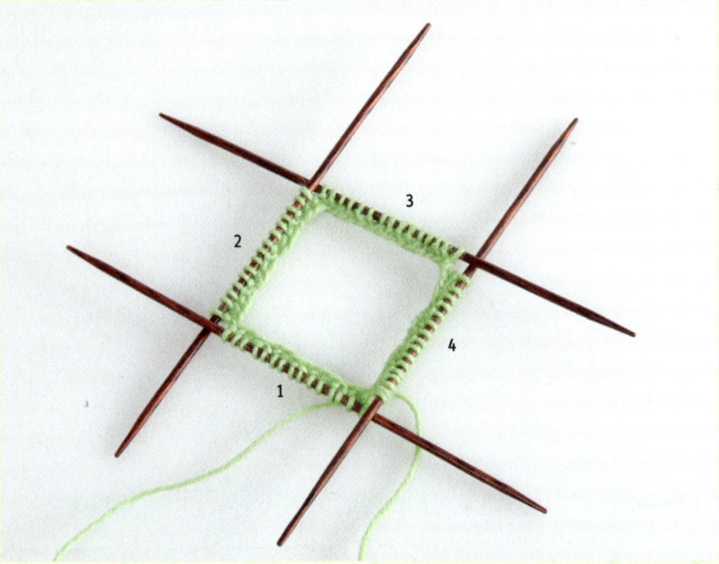

Um den Überblick zu behalten, werden die Nadeln des Nadelspiels gedanklich **durchnummeriert**, und zwar beginnend beim Anfangsfaden, der den Rundenbeginn markiert, im Uhrzeigersinn.

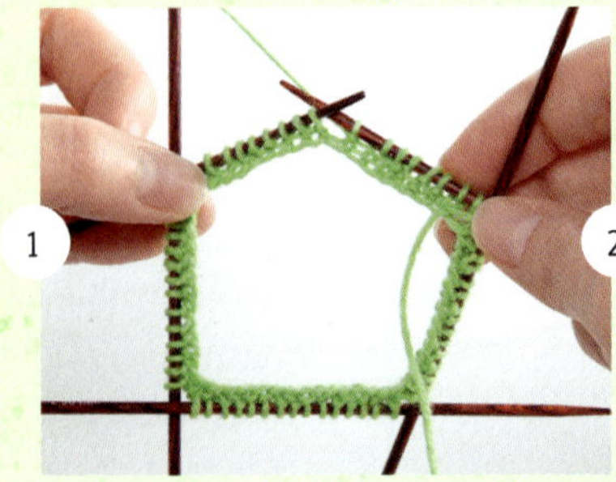

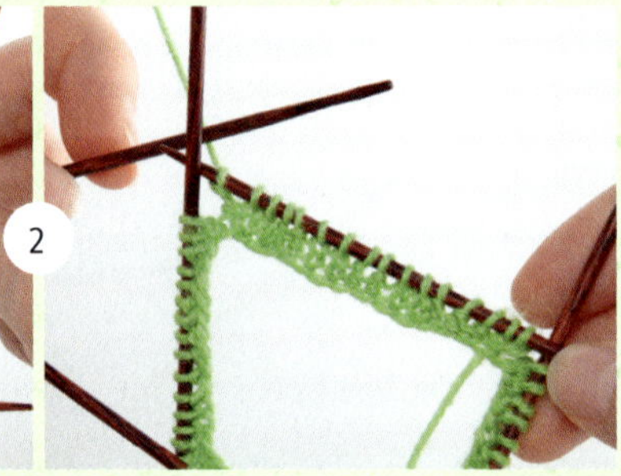

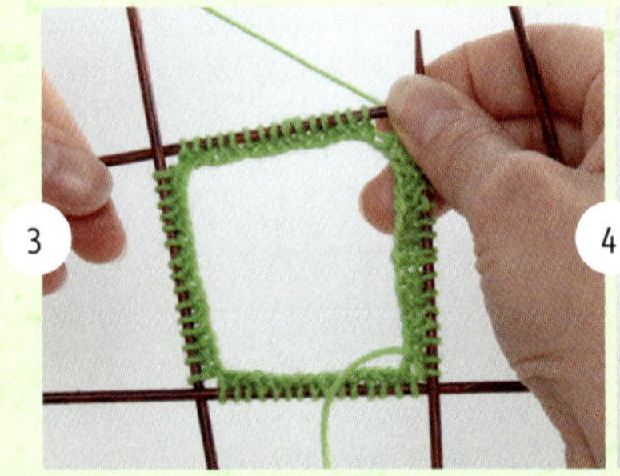

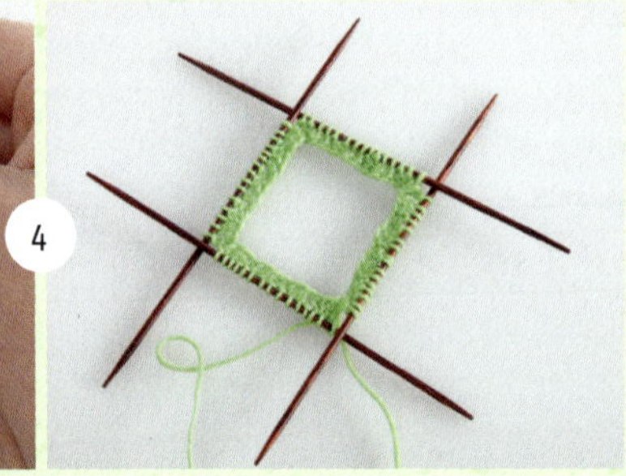

1 Mit der freien Arbeitsnadel die Maschen der 1. Nadel im Bündchenmuster stricken, die restlichen Nadeln werden dabei nicht beachtet. **2** Ist die letzte Masche gestrickt, ist die 1. Nadel nun frei und wird zur **neuen Arbeitsnadel**. Die ehemalige Arbeitsnadel ist nun die neue 1. Nadel. **3** Die Arbeit nun nach rechts drehen, sodass die 2. Nadel strickbereit vorne liegt. Mit der Arbeitsnadel alle Maschen im Bündchenmuster stricken. **4** Auf diese Weise alle 4 Nadeln abstricken. Wenn der Anschlagfaden wieder erreicht ist, ist eine vollständige Runde gestrickt, mit der nächsten Drehung beginnt eine neue Runde.

BÜNDCHENMUSTER

Für das Bündchen werden normalerweise **Rippenmuster** aus rechten und linken Maschen gewählt, da diese **elastisch** sind, aber nicht ausleiern.

2/2-RIPPENBÜNDCHEN

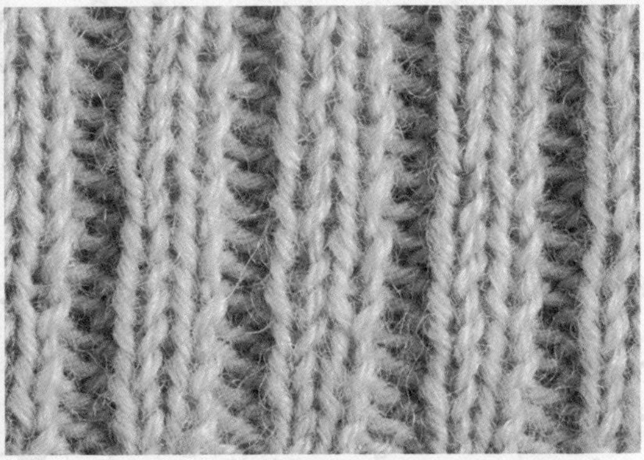

Es ist eines der beliebtesten Bündchenmuster und sehr einfach und schnell zu stricken. Man strickt immer abwechselnd 2 rechte und 2 linke Maschen.

1/1-RIPPENBÜNDCHEN

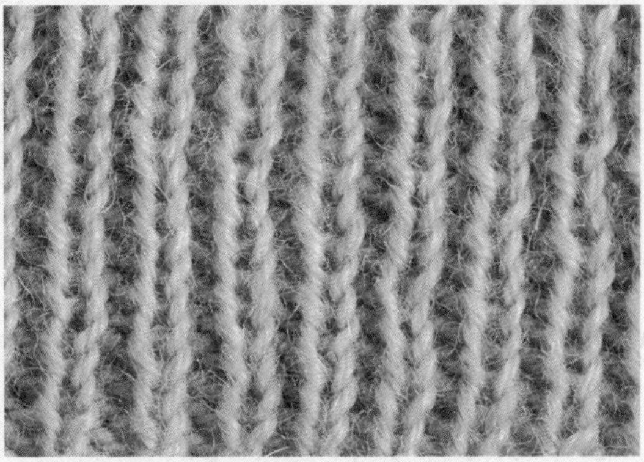

Auch dieses Bündchen ist sehr beliebt und kann mit fast jedem Muster kombiniert werden. Man arbeitet immer abwechselnd 1 rechte und 1 linke Masche.

VERSCHRÄNKTES 2/2-BÜNDCHEN

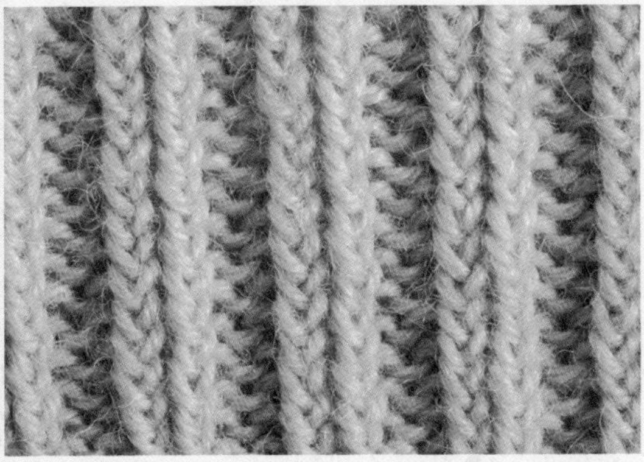

Durch das verschränkte Abstricken der rechten Maschen wird das Bündchen etwas enger und noch elastischer. Abwechselnd 2 Maschen rechts verschränkt (> Seite 10) und 2 Maschen links stricken.

VERSCHRÄNKTES 1/1-BÜNDCHEN

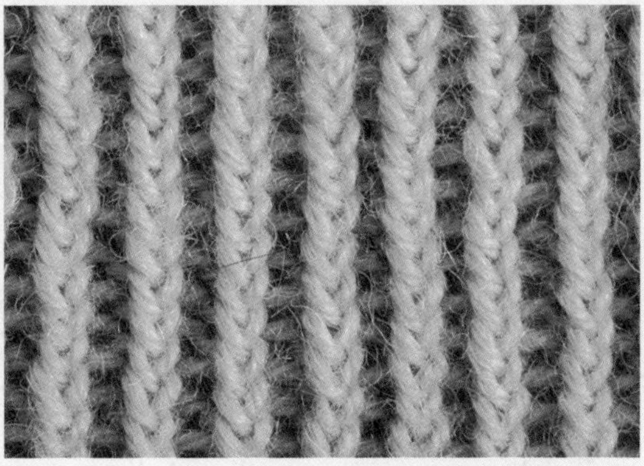

Auch dieses Bündchen wird durch das verschränkte Abstricken der rechten Maschen elastischer. Abwechselnd 1 Masche rechts verschränkt (> Seite 10) und 1 Masche links stricken.

Die **Höhe des Bündchens** ist Geschmackssache. Bei Damensocken empfiehlt sich eine Höhe von ungefähr 12-16 Runden oder 3-4 cm, bei Herrensocken 16-20 Runden oder 4-5 cm.

DER SCHAFT

Als „Schaft“ wird der **in Runden** meist ohne Veränderung der Maschenzahl gestrickte Teil der Socke zwischen Bündchen und Ferse bezeichnet. Er kann einfach glatt rechts gestrickt oder mit einem Muster versehen werden.

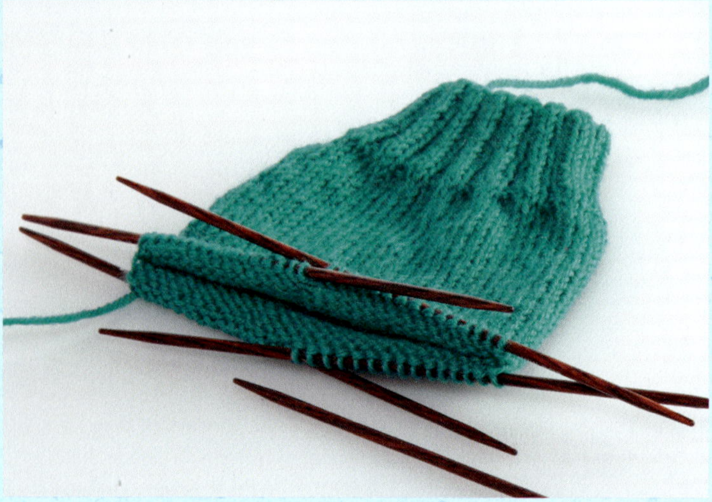

Die **Länge des Schafts** ist von persönlichen Vorlieben und dem Verwendungszweck der Socke abhängig. Als grobe Faustregel gilt, dass der Schaft ungefähr so lang sein soll wie die Handlänge des Trägers vom Ansatz des Handgelenks bis zur Spitze des Mittelfingers.

Eine Besonderheit ist noch zu beachten, wenn eine **Bumerangferse** für die Socke geplant ist: Durch die relative Kürze dieser Fersenvariante reicht das Muster des Schaftes sehr weit an der Ferse hinunter und könnte im Schuh drücken. Deshalb am besten bereits ca. 1-2 cm vor Fersenbeginn über die 1. und 4. Nadel des Nadelspiels glatt rechts stricken. So wirkt die Ferse optisch höher und die glatt rechts gestrickte Partie drückt nicht im Schuh.

SCHAFTMUSTER

Bei einem glatt rechts gestrickten Schaft bleibt die Maschenzahl gleich, soll jedoch ein Muster mit möglicherweise abweichender Maschenprobe eingestrickt werden, müssen entsprechend Maschen zu- oder abgenommen werden. Das geschieht meist in der 1. Runde nach dem Bündchen.

NÜTZLICHE TIPPS

„GÄSSCHEN" VERMEIDEN

Wenn man noch ungeübt im Rundstricken ist, kann es leicht passieren, dass sich beim **Übergang** von der einen zur nächsten Nadel etwas weitere Maschen bilden, es entstehen erkennbare „Gässchen". Dies kann leicht vermieden werden, indem am Ende jeder Nadel immer noch 2-3 Maschen der **nächsten Nadel** mitgestrickt werden, bevor die Nadel gewechselt wird.

Dabei ist es jedoch wichtig, den **Rundenbeginn** zu markieren, indem man z. B. eine Büroklammer oder eine geknotete Garnschlaufe auf die Nadel hängt. Diese wird in jeder Runde einfach abgehoben. Vor Beginn der Ferse sollten die Maschen wieder in ihre ursprüngliche Ordnung zurücksortiert werden.

FÄDEN VERNÄHEN

Bei gestrickten Socken kommt es auf eine große **Elastizität** an, deshalb ist es wichtig, lose Fäden so zu vernähen, dass sie die Dehnbarkeit nicht einschränken. Dies erreicht man durch das Vernähen auf der Innenseite im **Zickzack**.

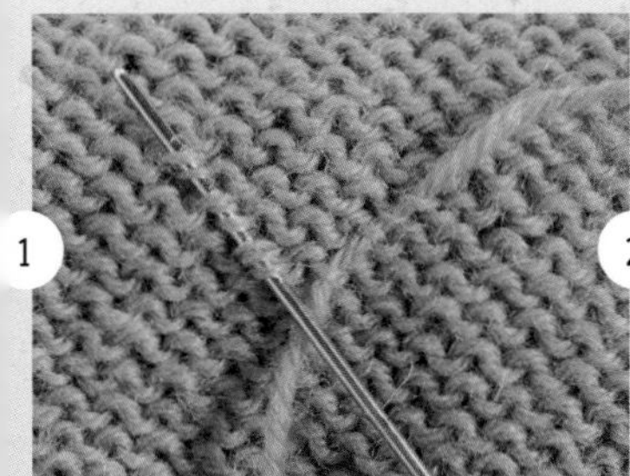

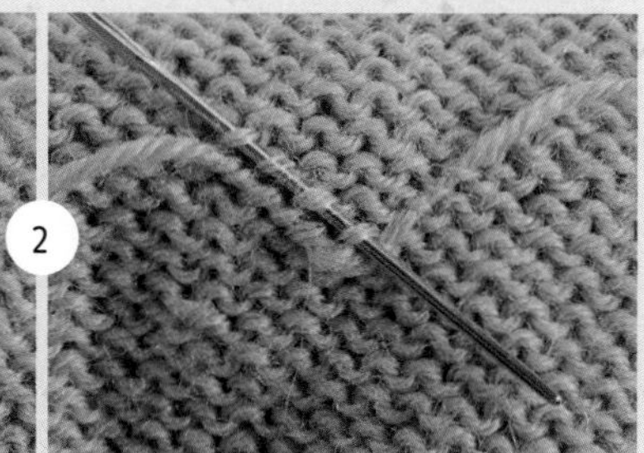

1 Mit einer **spitzen Sticknadel** jeweils nur einige Fäden der Masche erfassen und diagonal nach oben nähen und in die gleiche Richtung diagonal nach unten nähen. **2** Noch einmal in die andere Richtung zurücknähen.

EINEN NEUEN FADEN ANSETZEN

Beim Sockenstricken muss in der Regel kein neuer Faden angesetzt werden, da selbst beim Arbeiten mit zwei Knäueln à 50 g je eine Socke aus jedem Knäuel gestrickt werden kann. Manchmal stößt man jedoch auf **Knoten** im Knäuel. Diese sollten herausgeschnitten und der Faden neu angesetzt werden.

Dafür die nächsten beiden Maschen mit beiden Fäden stricken und dann nur noch mit dem neuen Faden weiterarbeiten. Die beiden losen Fadenenden von ca. 10 cm Länge vorerst einfach auf der **Rückseite** hängen lassen und später vernähen.

VERSCHIEDENE GRÖSSEN

Die Sockenmodelle in diesem Buch, deren Maschenzahl durch 2 oder 4 teilbar ist, können an **jede beliebige Größe** angepasst werden. Dazu einfach die für die gewünschte Größe benötigte Maschenzahl der Tabelle im Umschlag entnehmen. Den Fuß bis Spitzenbeginn so lang stricken wie in der Tabelle für die jeweilige Größe angegeben.

Bei Modellen, deren Maschenzahl sich durch 6 oder 8 teilen lässt, die Maschenanzahl für die gewählte Größe laut Tabelle anschlagen und nach dem Bündchen so viele Maschen zunehmen, dass die Gesamtanzahl durch 6 bzw. 8 teilbar wird. Mit dieser Maschenzahl den Schaft stricken. Vor der Ferse wieder auf die ursprüngliche Maschenanzahl abnehmen und den Fuß entsprechend der Tabelle stricken. Darauf achten, dass auf dem Oberfuß immer eine komplette Musterfolge gearbeitet wird.

SIEHE **SPICKZETTEL**

DIE KÄPPCHENFERSE

Die Käppchenferse ist der Klassiker unter den Fersen und vor allem für Füße mit einem **hohen Spann** geeignet. Die Ferse besteht aus drei Teilen: der **Fersenwand**, dem **Käppchen** und dem **Spickel**. Sie wird über die Hälfte der gesamten Maschenzahl gestrickt, und zwar klassisch über die Maschen der 1. und 4. Nadel in der hinteren Mitte.

FERSENWAND

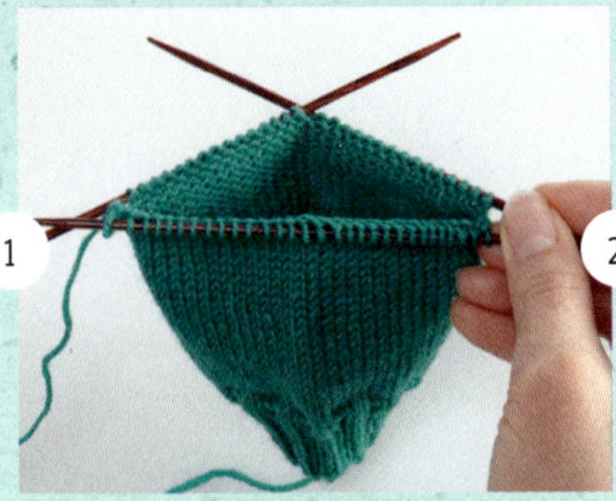

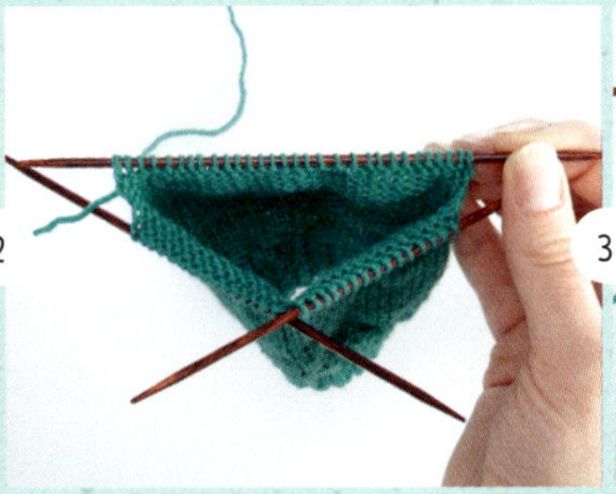

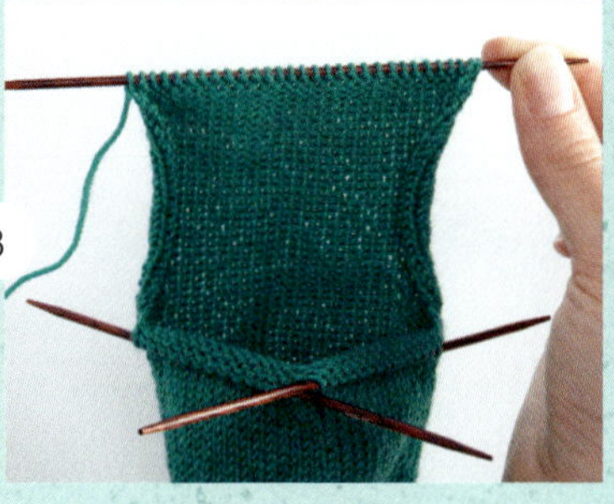

1 Die letzte Runde vor der Ferse bis zum Rundenende stricken. Die freie Nadel ablegen und die Maschen der 1. Nadel noch mit auf die 4. Nadel stricken. Alle Fersenmaschen liegen nun auf einer Nadel zusammen, die 1. Reihe der Fersenwand ist gestrickt. Ab jetzt wird **in Reihen** nur über diese Maschen gestrickt, die Maschen der 2. und 3. Nadel ruhen.
2 Die Arbeit wenden, die 1. Masche rechts stricken. Linke Maschen stricken bis 1 Masche vor Ende der Reihe. Die letzte Masche ebenfalls rechts stricken. **3** Die Arbeit wenden und alle Maschen rechts stricken. Die **Schritte 2 und 3** fortlaufend wiederholen, bis insgesamt 2 Reihen weniger gestrickt sind, als Maschen auf der Nadel liegen.

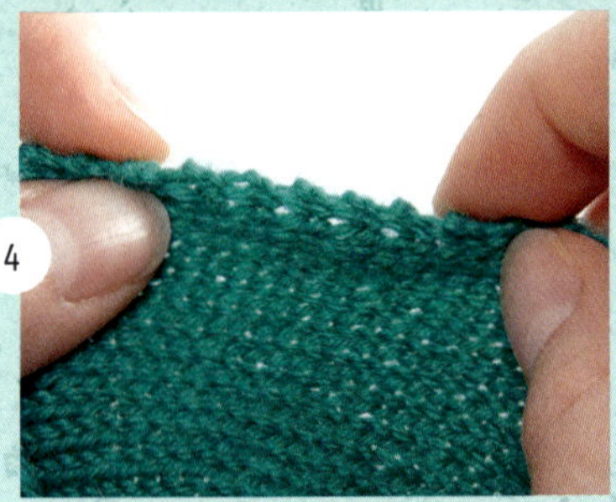

4 An den Kanten ergeben sich kleine **„Perlchen"**.

FERSENKÄPPCHEN

Das Käppchen wird ebenfalls **in Reihen** nur über die **mittleren Maschen** der Fersenwand gestrickt. Die Maschen gedanklich in drei gleich große Teile teilen: zwei **Seitenteile** und einen **Mittelteil**. Ist die Maschenzahl nicht durch 3 teilbar, werden die übrigen Maschen dem Mittelteil zugerechnet. Die Maschenverteilung kann auch der Tabelle (> Umschlagklappe) entnommen werden.

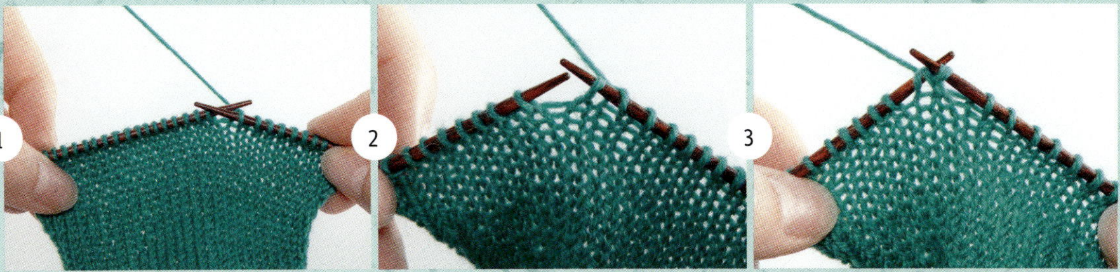

1 Die Maschen des ersten Seitenteils rechts stricken. **2** Die Maschen des Mittelteils bis auf die letzte Masche rechts stricken. Die letzte Masche wie zum Rechtsstricken abheben. **3** Die 1. Masche des zweiten Seitenteils ebenfalls wie zum Rechtsstricken abheben und mit der letzten Masche des Mittelteils zusammenstricken, die beiden Maschen werden also rechts abgehoben zusammengestrickt (> Seite 12).

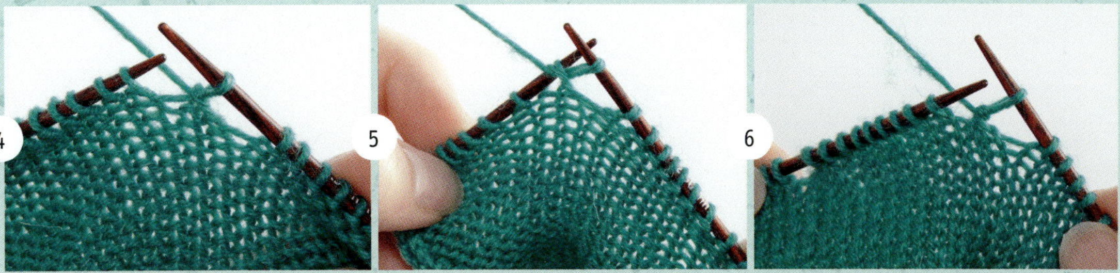

4 Die Arbeit wenden. Die erste Masche mit dem Faden vor der Arbeit wie zum Linksstricken abheben. **5** Die Maschen des Mittelteils bis auf die letzte Masche links stricken. Die letzte Masche des Mittelteils mit der 1. Masche des Seitenteils links zusammenstricken (> Seite 12). **6** Die Arbeit wenden. Die 1. Masche mit dem Faden hinter der Arbeit wie zum Linksstricken abheben.

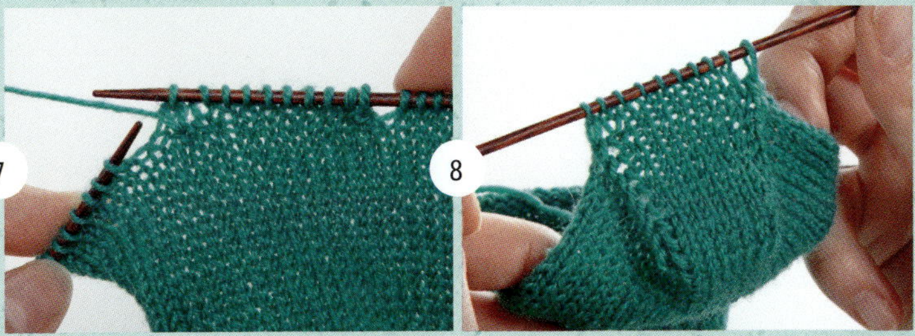

7 Die restlichen Maschen des Mittelteils bis auf die letzte Masche rechts stricken, diese mit der 1. Masche des Seitenteils rechts abgehoben zusammenstricken. **8** Die **Schritte 4-7** so lange wiederholen, bis alle Seitenteilmaschen aufgebraucht sind. Dabei bilden sich bald kleine **Lücken**, die das Zählen der Mittelmaschen überflüssig machen: Es wird immer die Masche vor der Lücke mit der Masche nach der Lücke zusammengestrickt.

MASCHEN AUFFASSEN

SIEHE **SPICKZETTEL**

Nach dem Käppchen wird wieder **in Runden** gestrickt. Dafür müssen aus den Seiten der Fersenwand Maschen aufgefasst werden.

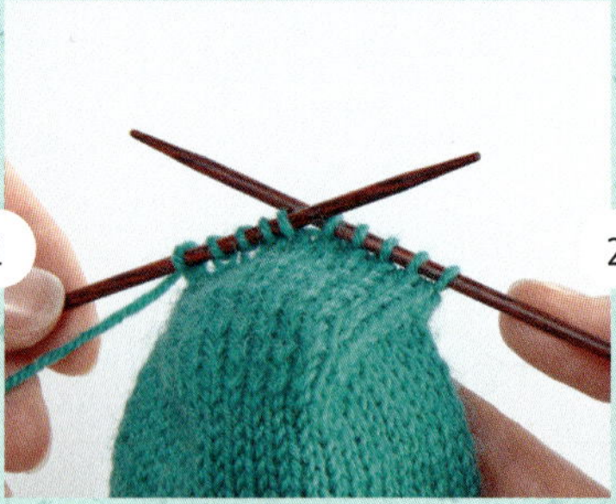

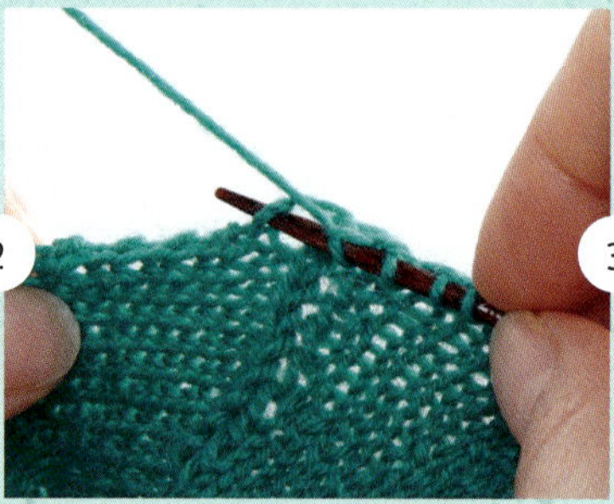

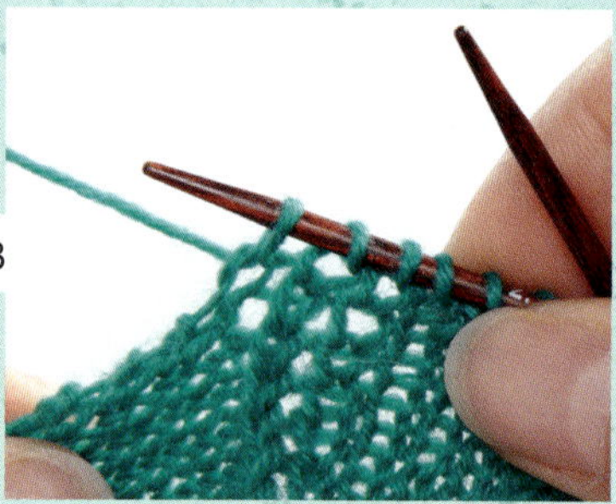

1 Die erste Hälfte der Mittelmaschen rechts stricken. Die zweite Hälfte mit einer freien Nadel ebenfalls rechts stricken. **2** Nun wird aus jedem **„Perlchen"** am Rand der Fersenwand je 1 Masche herausgestrickt. Dafür mit der Nadel, auf der bereits die Hälfte der Mittelmaschen liegt, von vorn nach hinten in die Perle einstechen ... **3** ... und den Faden wie zum Rechtsstricken durchholen.

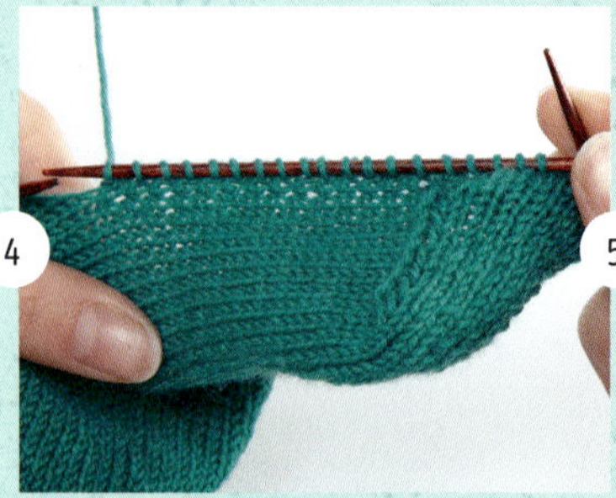

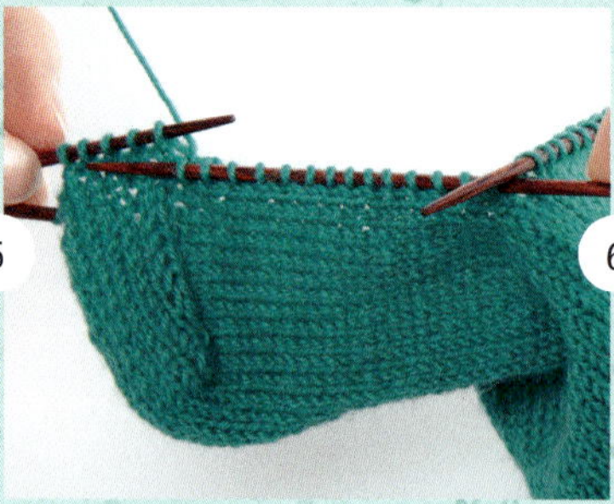

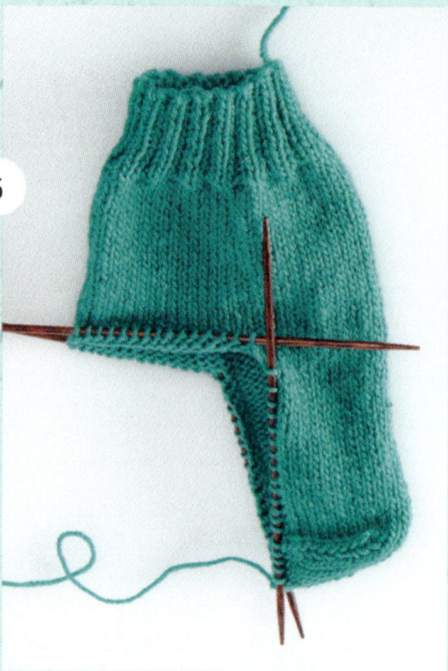

4 Auf diese Weise aus allen „Perlchen" der einen Fersenwandseite Maschen auffassen. **5** Dann die Maschen der 2. und 3. Nadel im entsprechenden Muster stricken. Mit einer freien Nadel aus der anderen Fersenwandseite ebenfalls Maschen auffassen. **6** Nun mit dieser Nadel die Hälfte der Fersenmaschen abstricken. Die Runde ist wieder komplett.

Tipp: Um Löcher am Übergang von der Ferse zum Fuß zu vermeiden, können nach bzw. vor den Käppchenmaschen und nach bzw. vor der 2. und 3. Nadel zusätzliche Maschen aufgefasst werden.

DER SPICKEL

Nach der Ferse liegen mehr Maschen auf den Nadeln als zuvor. Sie sorgen dafür, dass der Fuß im **Spann** mehr Platz hat. Diese überzähligen Maschen werden nun in Form eines Spickels nach und nach wieder abgenommen.

1

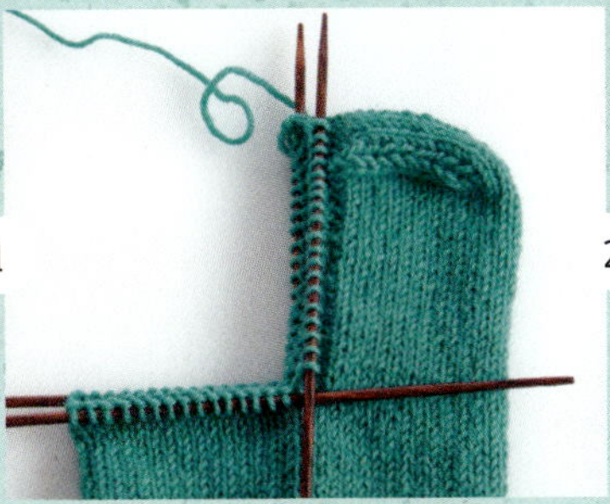

2

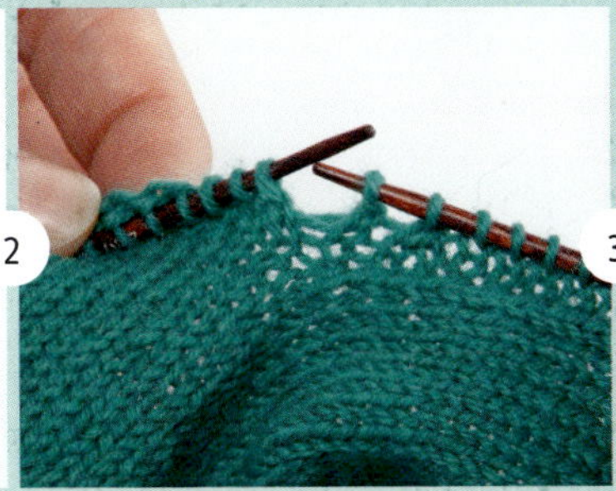

3

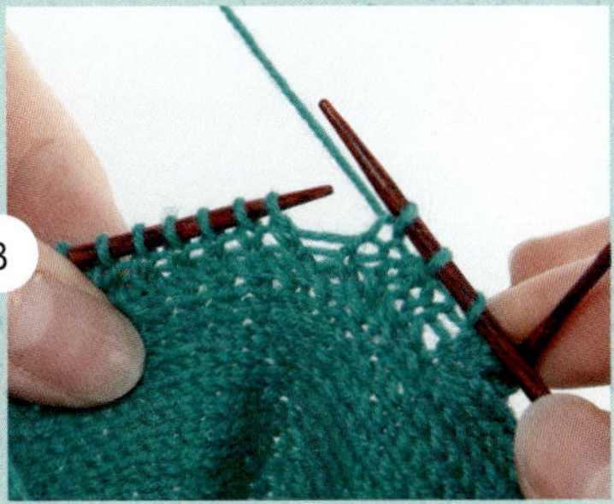

1 2 Runden über alle Maschen stricken, über die Maschen der 1. und 4. Nadel glatt rechts, über die 2. und 3. Nadel eventuell im entsprechenden Muster. In der 1. Runde die neu aufgenommenen Maschen rechts verschränkt stricken, um keine Löcher zu erhalten. **2** In der nächsten Runde die Maschen der 1. Nadel bis auf 3 Maschen rechts stricken. 2 Maschen rechts zusammenstricken, 1 Masche rechts. **3** Die Maschen der 2. und 3. Nadel im Muster stricken. Auf der 4. Nadel 1 Masche rechts stricken, 2 Maschen rechts abgehoben zusammenstricken und die restlichen Maschen rechts arbeiten.

4

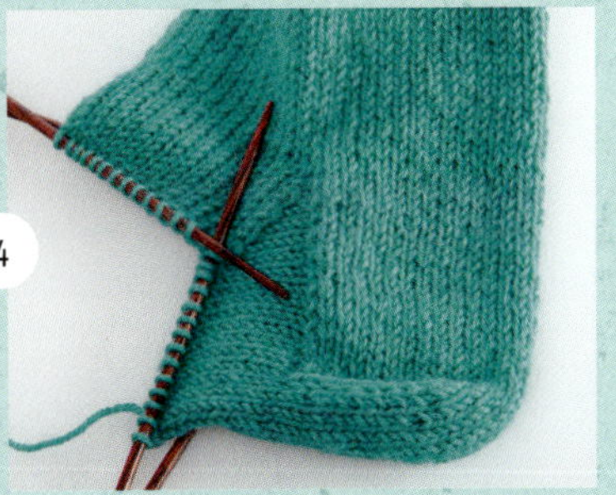

4 2 Runden rechte Maschen ohne Abnahmen stricken, dann die **Schritte 2 und 3** wiederholen. Auf diese Weise in jeder 3. Runde Maschen abnehmen, bis sich auf allen Nadeln wieder gleich viele Maschen (= ursprüngliche Maschenzahl) befinden.

SIEHE **SPICKZETTEL**

DIE BUMERANGFERSE

Die Bumerangferse ist die klassische Form einer **Schrägnahtferse**. Sie sieht sehr elegant und professionell aus, wenn sie sauber gearbeitet wird. Die Bumerangferse eignet sich sehr gut für Füße mit **niedrigerem Spann**.

Diese Ferse wird in **zwei Teilen** über die Hälfte der gesamten Maschenzahl gestrickt, und zwar klassisch über die Maschen der 1. und 4. Nadel in der hinteren Mitte.

OBERER TEIL

Die Maschen gedanklich in drei gleich große Teile teilen: zwei **Seitenteile** und einen **Mittelteil**. Ist die Maschenzahl nicht durch 3 teilbar, werden die übrigen Maschen dem Mittelteil zugerechnet. Die Maschenverteilung kann auch der **Tabelle** (> Umschlagklappe) entnommen werden.

1
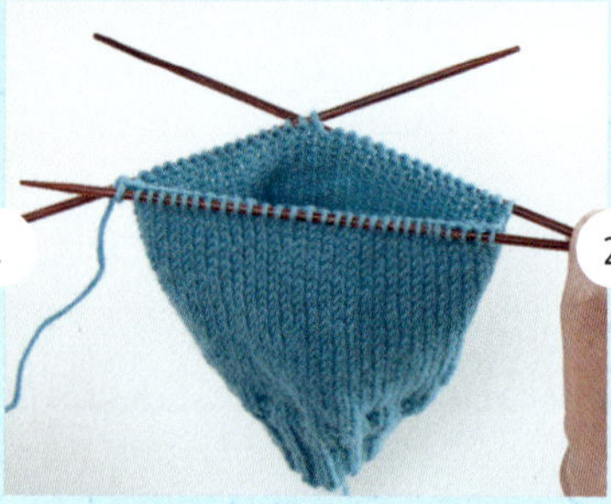
2
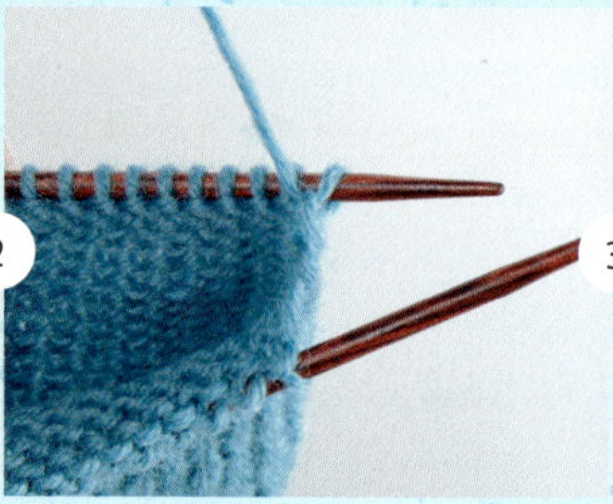
3
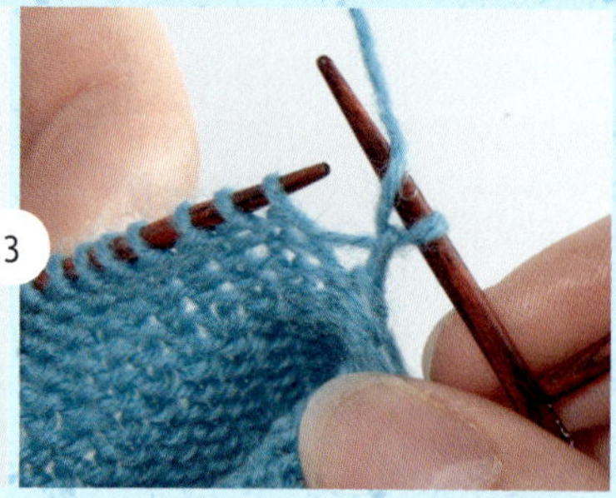

1 Die letzte Runde vor der Ferse bis zum Rundenende stricken. Die freie Nadel ablegen und die Maschen der 1. Nadel noch mit auf die 4. Nadel stricken. Alle Fersenmaschen liegen nun auf einer Nadel, die 1. Reihe des oberen Teils ist gestrickt. Ab jetzt wird **in verkürzten Reihen** nur über diese Maschen gestrickt, die Maschen der 2. und 3. Nadel ruhen.
2 Die Arbeit wenden. Aus der 1. Masche eine **Doppelmasche** arbeiten. Dafür den Faden vor die Arbeit legen ...
3 ... und die Masche wie zum Linksstricken abheben.

4
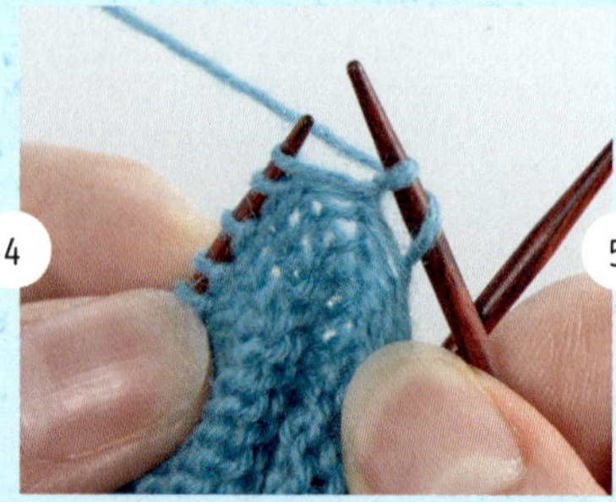
5
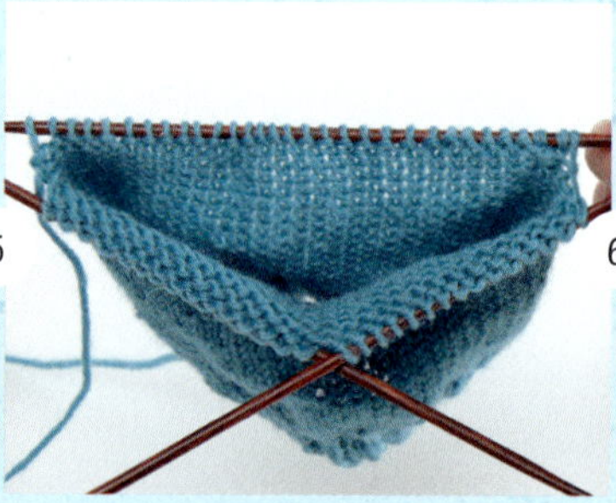
6
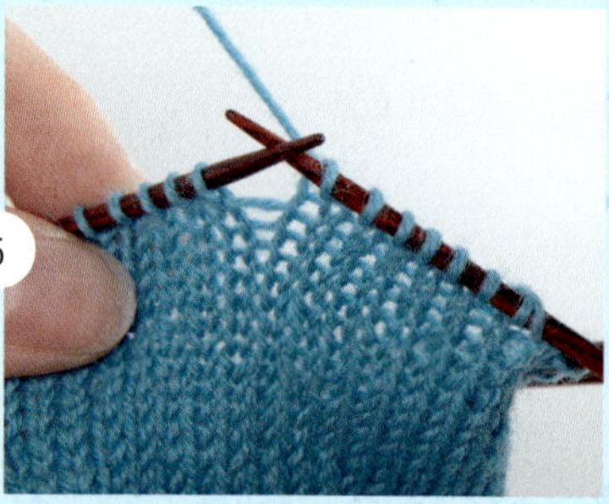

4 Den Arbeitsfaden sehr fest nach hinten ziehen, sodass die beiden Maschenglieder der darunterliegenden Masche auf die Nadel rutschen. Die Doppelmasche ist fertig. **5** Den Faden wieder nach vorn nehmen und die restlichen Maschen links stricken, dabei die 1. Masche nach der Doppelmasche schön fest stricken. **6** Die Arbeit wenden. Aus der 1. Masche eine Doppelmasche arbeiten wie in **Schritt 2-4** beschrieben. Die restlichen Maschen bis vor die Doppelmasche rechts stricken, die Doppelmasche wird nicht gestrickt!

7

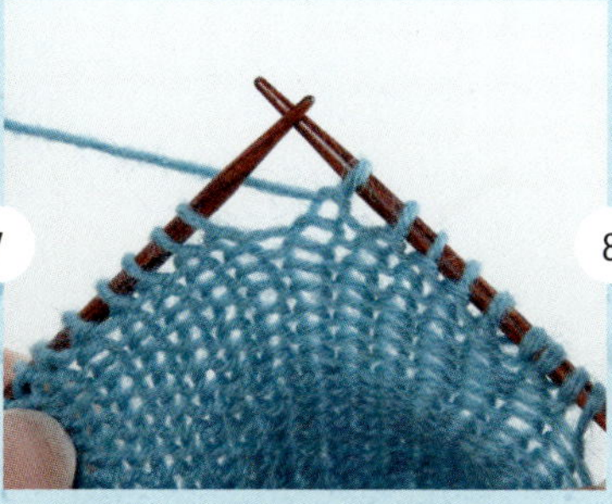

8

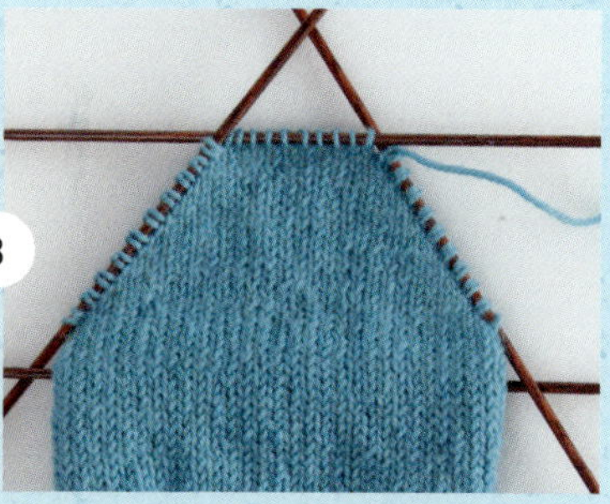

7 Die Arbeit wenden. Aus der 1. Masche eine Doppelmasche arbeiten. Die restlichen Maschen bis vor die Doppelmasche links stricken, die Doppelmasche wird nicht gestrickt! **8** Die **Schritte 6 und 7** wiederholen, bis alle Maschen der Seitenteile zu Doppelmaschen geworden sind und nur noch die Mitteilmaschen als normale Maschen vorliegen. Es formt sich ein Trapez.

ZWISCHENRUNDEN

Nun wird wieder über alle Maschen gestrickt.

1

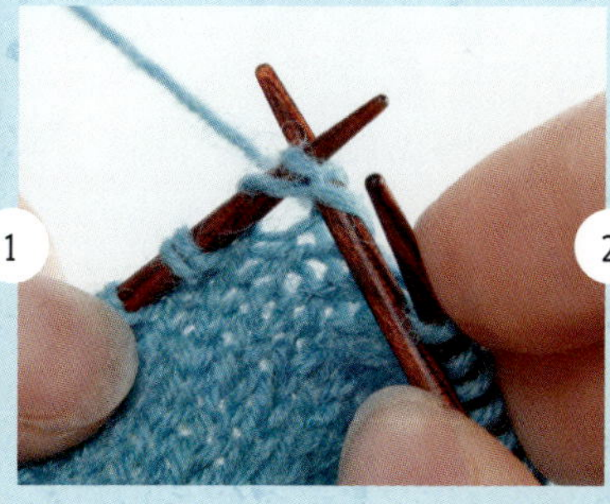

2

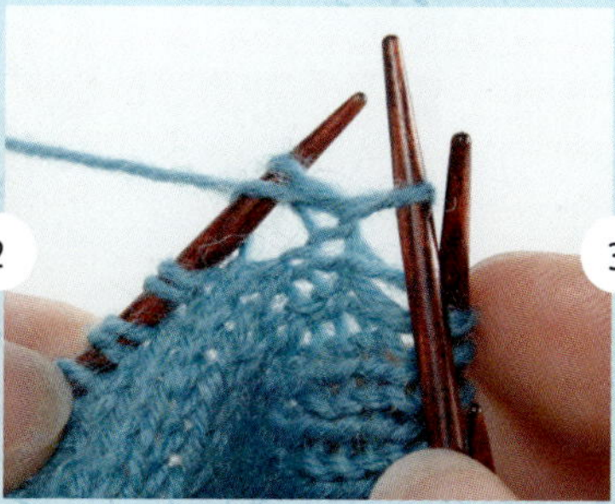

3

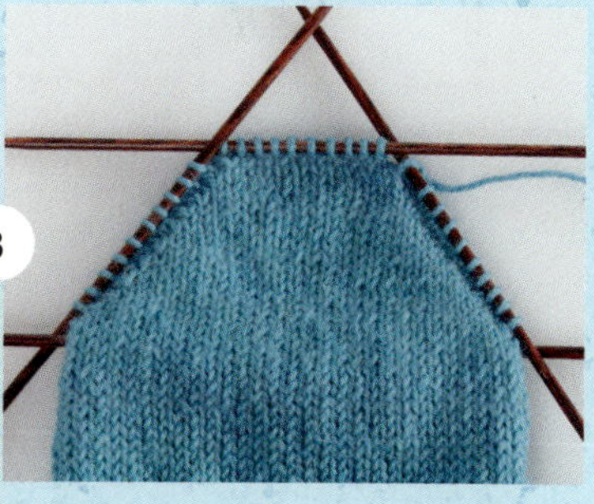

1 Um eine Doppelmasche rechts abzustricken, mit der Arbeitsnadel gleichzeitig in beide Schlaufen wie zum Rechtsstricken einstechen ... **2** ... und beide Schlaufen zusammen wie eine rechte Masche stricken. **3** Auf diese Weise alle Doppelmaschen der einen Seite rechts abstricken. Die Maschen der 2. und 3. Nadel im Muster stricken, die Doppelmaschen der zweiten Seite und die Mittelmaschen rechts stricken. Eine weitere Runde über alle Maschen rechts stricken, enden vor den Mittelmaschen.

SIEHE SPICKZETTEL

UNTERER TEIL

Nun werden **verlängerte Reihen mit Doppelmaschen** gestrickt, aber in **entgegengesetzter Richtung** von innen nach außen.

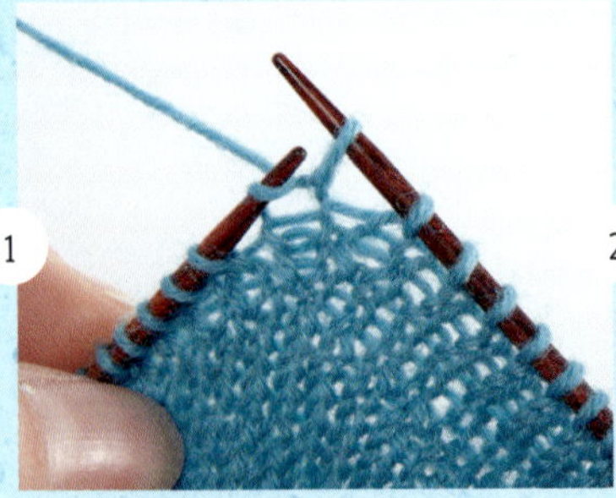

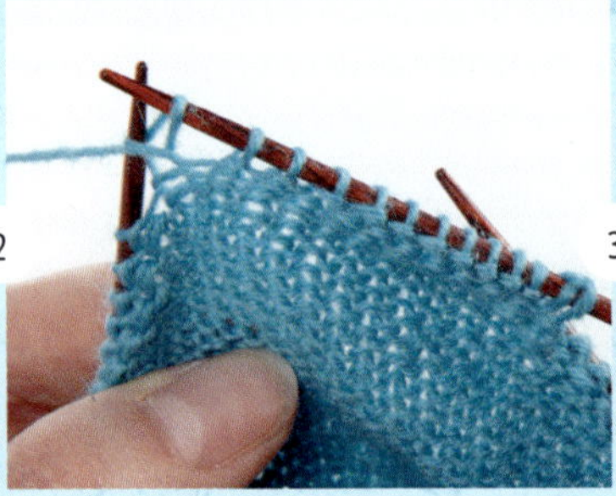

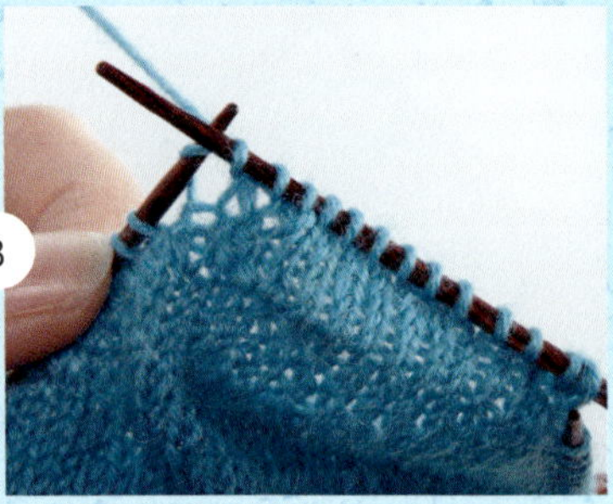

1 Die Maschen des Mittelteils und die 1. Masche des Seitenteils rechts stricken. **2** Die Arbeit wenden. Aus der 1. Masche eine Doppelmasche arbeiten, die Maschen des Mittelteils und die 1. Masche des anderen Seitenteils links abstricken. **3** Die Arbeit wenden. Aus der 1. Masche eine Doppelmasche arbeiten. Alle Maschen bis zur Doppelmasche und auch die Doppelmasche selbst rechts abstricken, noch 1 weitere Masche ebenfalls rechts stricken.

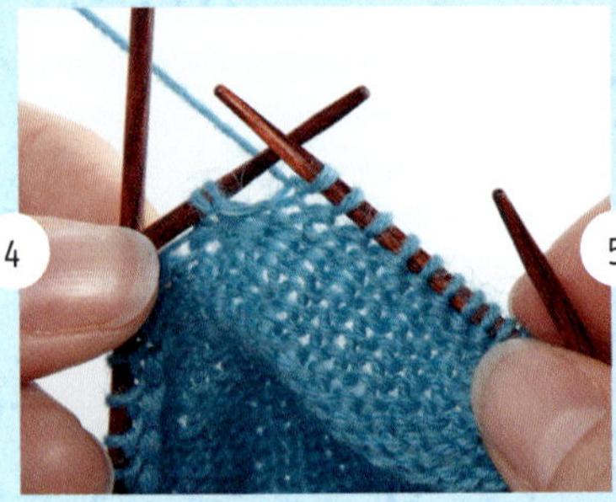

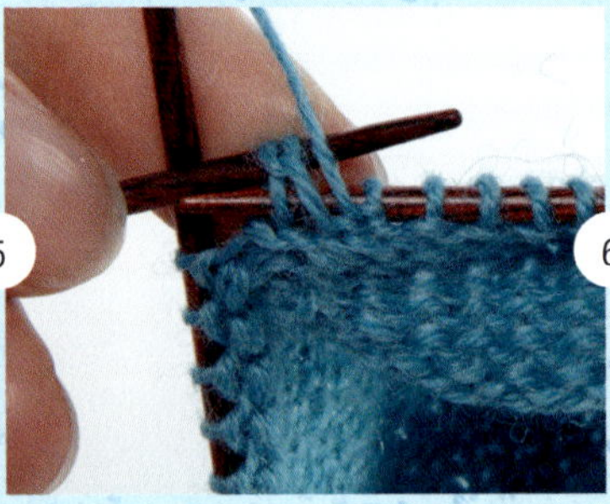

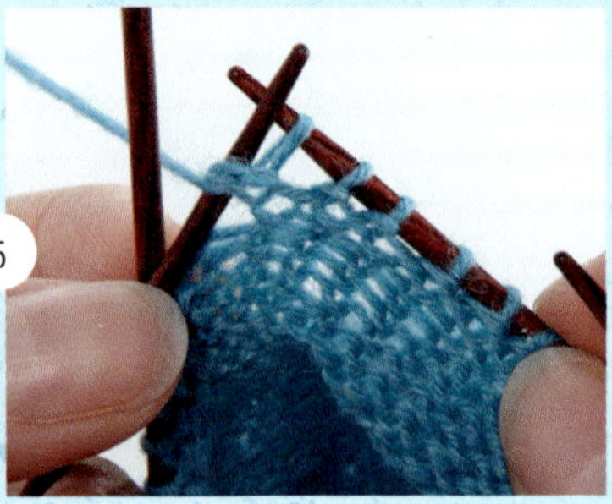

4 Die Arbeit wenden. Aus der 1. Masche eine Doppelmasche arbeiten. Alle Maschen bis zur Doppelmasche links stricken. **5** Nun die Doppelmasche links stricken. Dafür unter beiden Schlaufen wie zum Linksstricken einstechen ... **6** ... und diese wie eine linke Masche abstricken.

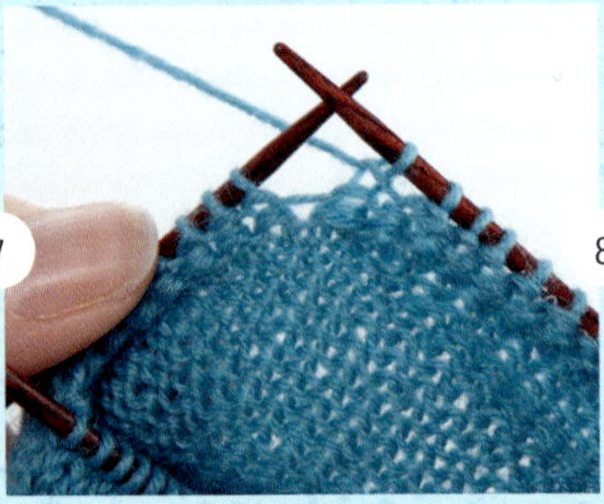

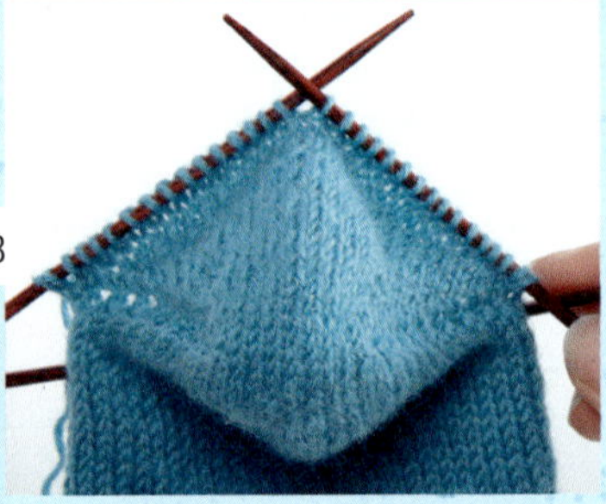

7 Die nächste Masche ebenfalls links stricken. **8** Die **Schritte 3-7** so lange wiederholen, bis auch die äußersten beiden Maschen der Seitenteile als Doppelmaschen gearbeitet sind.

DER FUSS

Nach Fertigstellung der Ferse und ggf. des Spickels geht es für den Fußteil wieder **in Runden** weiter. Dafür ist es wichtig, dass die Fersenmaschen wieder zu gleichen Teilen auf die 1. und 4. Nadel verteilt sind, sodass der **Rundenbeginn** erkennbar ist. Wurde eine Bumerangferse gearbeitet, so müssen die letzten beiden Doppelmaschen in der 1. Runde noch als normale Maschen abgestrickt werden.

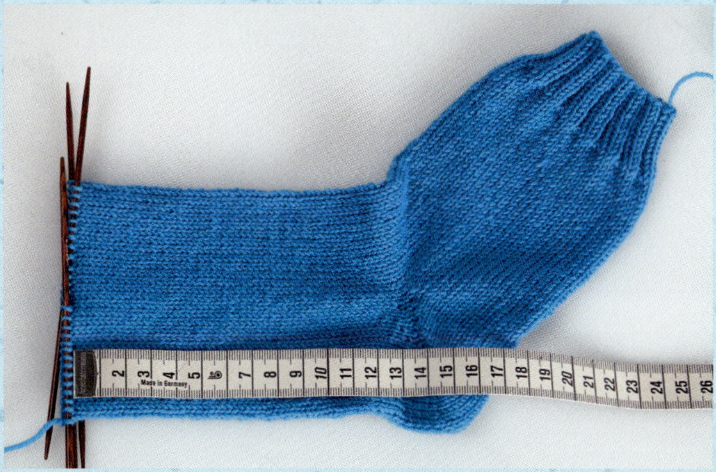

Egal, ob vor der Ferse das Muster über den gesamten Schaft oder nur über die Schaftvorderseite verlief, sollten die Maschen der 1. und 4. Nadel für die **Sohle** in jedem Fall glatt rechts gestrickt werden. Auf der 2. und 3. Nadel – dem **Oberfuß** – kann das Muster entweder weitergeführt oder ebenfalls glatt rechts gearbeitet werden.

Um die **richtige Länge** des Fußes zu ermitteln, kann die Socke anprobiert werden: Ist der kleine Zeh bedeckt, ist es Zeit, die Spitze zu beginnen. Steht der zukünftige Träger nicht zur Verfügung, kann die richtige Länge auch der Tabelle (> Umschlagklappe) entnommen werden.

Um die Fußlänge zu messen, die Socke flach auf einen festen Untergrund (z. B. das Bügelbrett) legen und einmal kurz mit dem Dampfbügeleisen oder einem feuchten Tuch dämpfen. Das Bügeleisen nicht zu heiß einstellen. Es wird in mittlerer Höhe vom hinteren Rand der Ferse bis zu den letzten gestrickten Maschen gemessen.

DIE BANDSPITZE

SIEHE **SPICKZETTEL**

Die Bandspitze ist der **Klassiker** unter den Sockenspitzen. Auch sie lässt sich ohne viel Aufwand mit den meisten Mustern kombinieren, wenn man vor Beginn der Spitze einige Runden glatt rechts arbeitet und erst dann mit den Abnahmen beginnt. Sie ist besonders gut für breitere, rund zulaufende Füße geeignet.

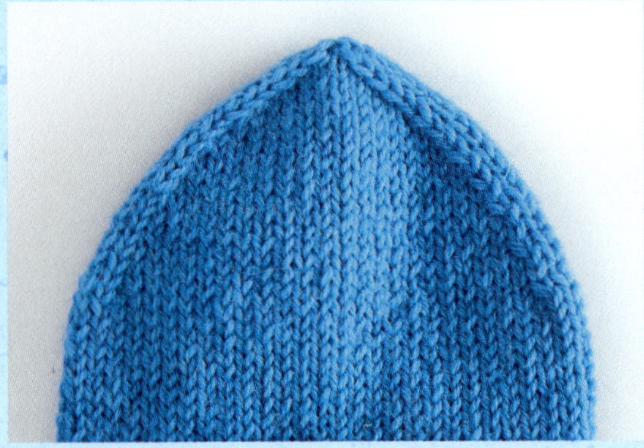

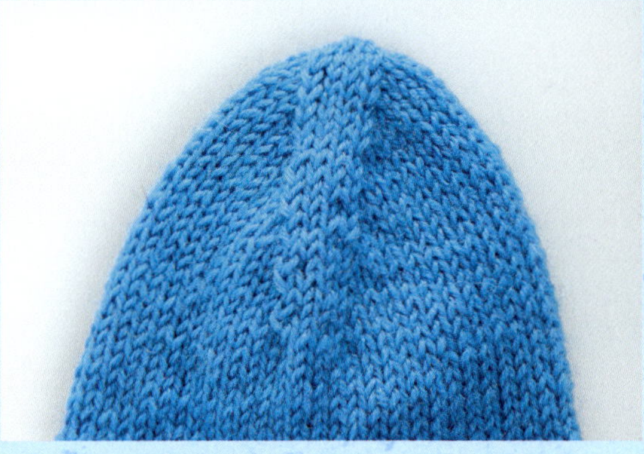

Für die Bandspitze werden **Abnahmerunden** in bestimmten Abständen gearbeitet, sodass sich eine schöne Rundung ausformt. Die Spitze beginnt am Rundenbeginn in der Mitte der Sohle.

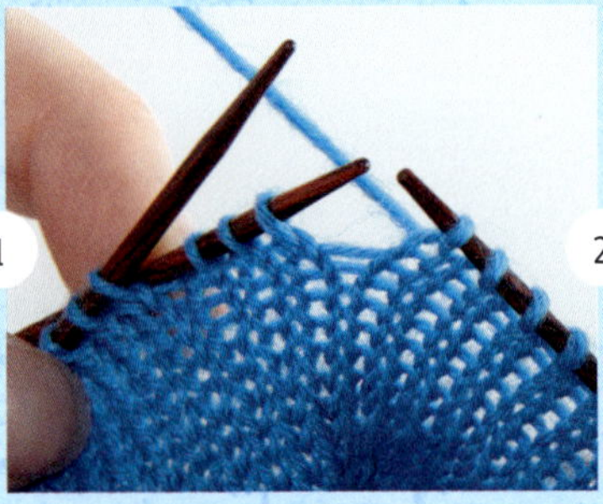

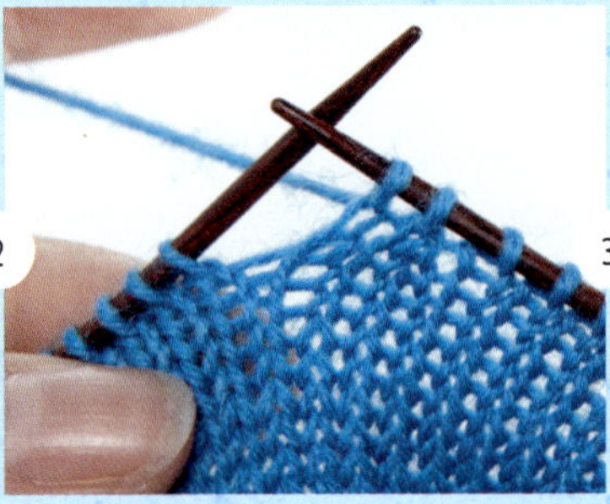

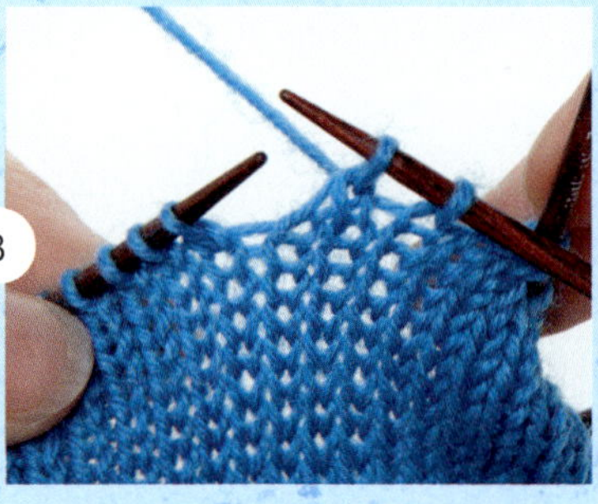

1 Die Maschen der 1. Nadel bis auf 3 Maschen rechts stricken. **2** Die nächsten 2 Maschen rechts zusammenstricken (> Seite 12), die letzte Masche rechts stricken. **3** Auf der 2. Nadel die 1. Masche rechts stricken und die folgenden 2 Maschen rechts abgehoben zusammenstricken (> Seite 12).

4

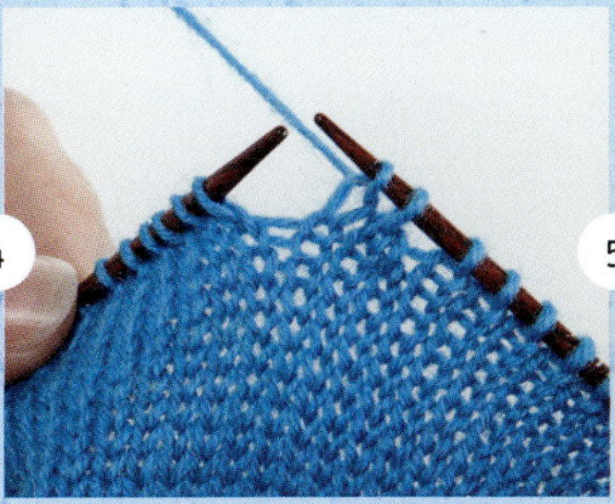

5

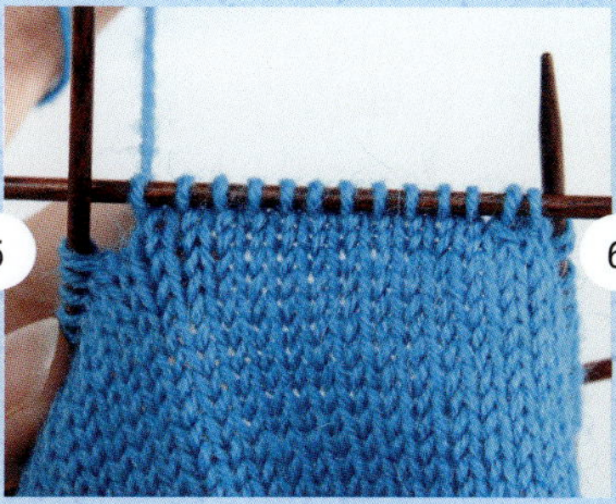

6

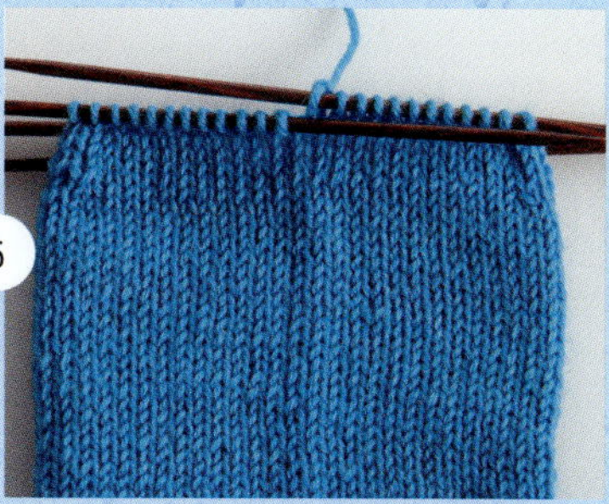

4 Die restlichen Maschen der 2. Nadel rechts stricken. Auf der 3. Nadel wie auf der 1. Nadel stricken. **5** Auf der 4. Nadel wie auf der 2. Nadel stricken. Die erste Abnahmerunde ist nun komplett, es wurden insgesamt 4 Maschen abgenommen. **6** Nun werden einige **Zwischenrunden** ohne Abnahmen glatt rechts gestrickt. Die benötigte Anzahl kann der Tabelle(> Umschlagklappe) entnommen werden. Nach diesen Zwischenrunden eine weitere Abnahmerunde stricken wie in den **Schritten 1-5** beschrieben.

7

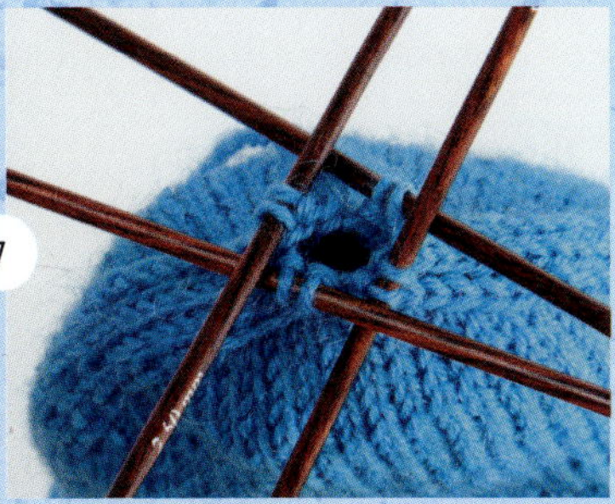

7 Auf diese Weise im Wechsel Abnahmerunden und Zwischenrunden stricken. Die Zwischenrunden werden immer weniger, bis am Schluss nur noch Abnahmerunden folgen. Die genauen Zahlen können für jede Größe der Tabelle entnommen werden. Am Ende bleiben auf jeder Nadel noch **2 Maschen** übrig. **8** Anschließend die Spitze schließen wie auf Seite 31 beschrieben.

DIE STERNSPITZE

SIEHE **SPICKZETTEL**

Die Sternspitze wirkt ein wenig zierlicher und unauffälliger als die Bandspitze und ist besonders gut für schmale, spitze Füße geeignet.

Für die Sternspitze wird eine **gerade Maschenanzahl** pro Nadel benötigt. Überzählige Maschen müssen bereits einige Runden vor Spitzenbeginn abgenommen werden. Im Gegensatz zur Bandspitze werden die Abnahmen bei der Sternspitze gleichmäßig über die gesamte Spitze verteilt.

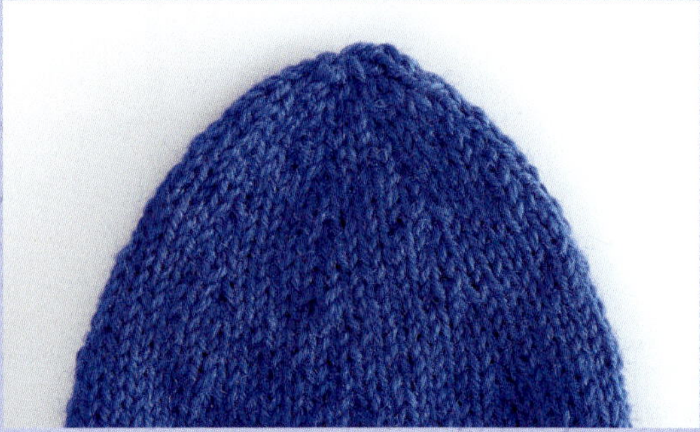

1
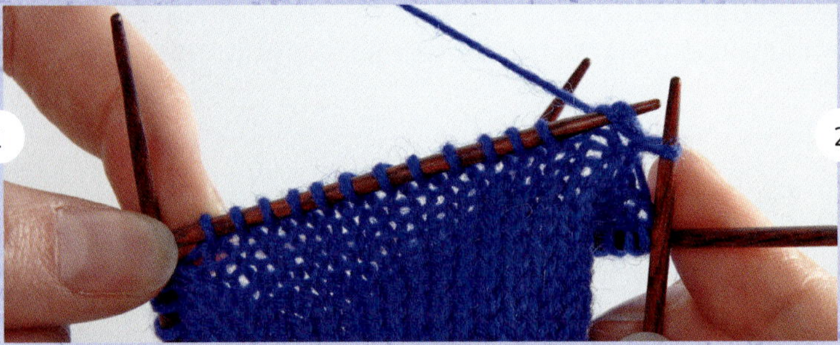

2
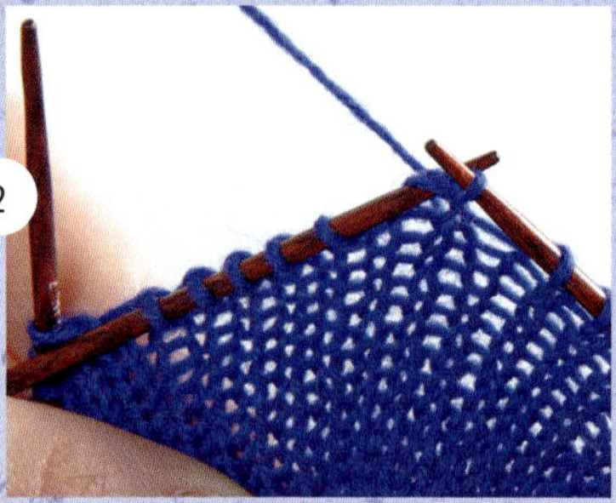

1 Für die **Abnahmerunde** die Maschen der 1. Nadel gedanklich in zwei gleiche Teile teilen. Nun die ersten 2 Maschen des ersten Teils rechts zusammenstricken und bis zum Beginn des zweiten Teils rechts stricken. **2** Die ersten 2 Maschen des zweiten Teils ebenfalls rechts zusammenstricken und die restlichen Maschen der Nadel rechts stricken. Auf jeder der 3 restlichen Nadeln genauso verfahren. Die erste Abnahmerunde ist nun komplett, es wurden insgesamt 8 Maschen abgenommen.

3
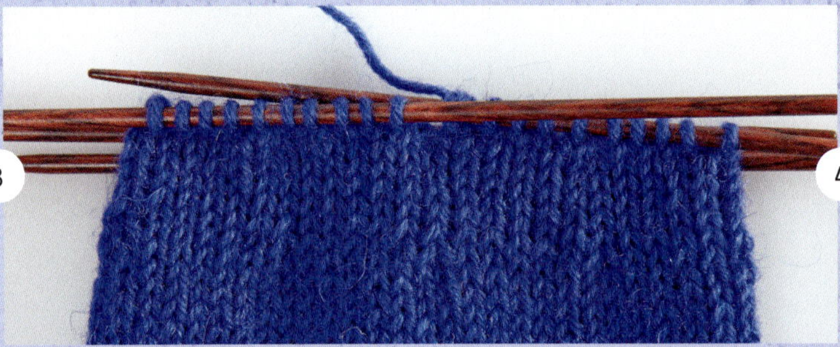

4
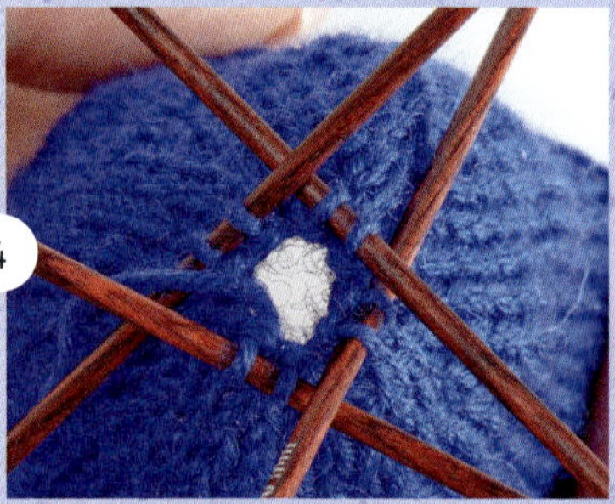

3 Nun so viele **Zwischenrunden** glatt rechts ohne Abnahmen stricken, wie rechte Maschen zwischen den Abnahmen der letzten Abnahmerunde liegen. Dann erneut eine Abnahmerunde wie in Schritt 1 und 2 beschrieben arbeiten.
4 Nach diesem Schema abwechselnd Zwischenrunden und Abnahmerunden stricken, bis nur noch **2 Maschen** auf jeder Nadel übrig bleiben. Die Zwischenrunden verringern sich dabei nach jeder Abnahmerunde.

Ein Beispiel:
6 Maschen/15 Maschen pro Nadel
Zuerst strickt man die ersten beiden Maschen jeder Nadel rechts zusammen, um auf die erforderliche gerade Maschenanzahl pro Nadel zu kommen (= 56 Maschen/14 Maschen pro Nadel). 6 Runden glatt rechts stricken.
Jetzt beginnt die eigentliche Sternspitze (die Maschenfolgen zwischen zwei * werden bis zum Rundenende wiederholt):
2 Maschen rechts zusammenstricken, 5 Maschen rechts
5 Runden glatt rechts
2 Maschen rechts zusammenstricken, 4 Maschen rechts
4 Runden glatt rechts
2 Maschen rechts zusammenstricken, 3 Maschen rechts
3 Runden glatt rechts
2 Maschen rechts zusammenstricken, 2 Maschen rechts
2 Runden glatt rechts
2 Maschen rechts zusammenstricken, 1 Masche rechts
1 Runde glatt rechts
2 Maschen rechts zusammenstricken

DER SPITZENSCHLUSS

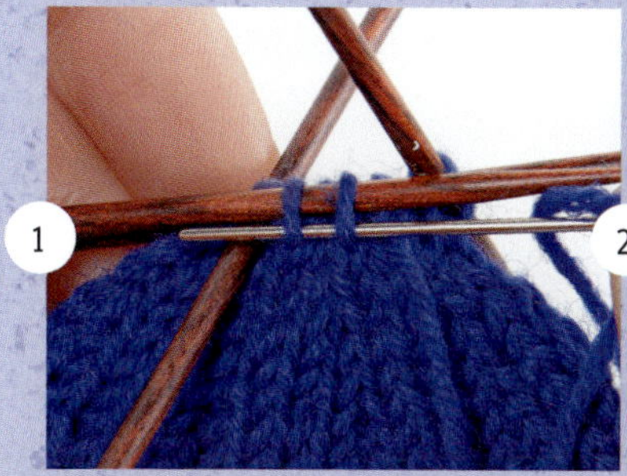

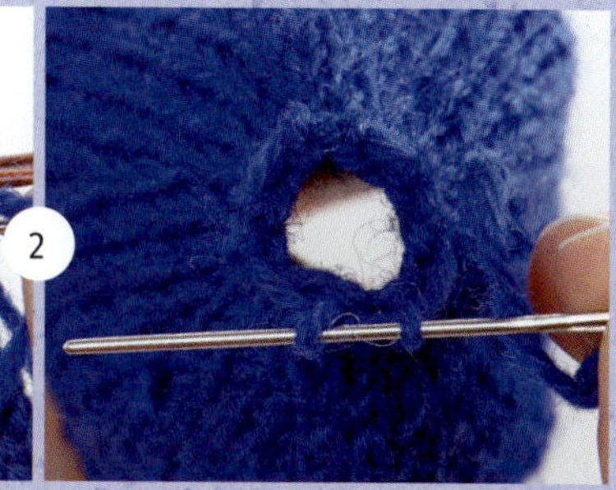

1 Den **Arbeitsfaden** ca. 20 cm lang abschneiden und in eine **stumpfe Sticknadel** fädeln. Nun mit der Sticknadel den Faden durch die Maschen fädeln.
2 Rundherum durch alle 8 Maschen gehen. Noch ein zweites Mal den Faden durch die 8 Maschen fädeln und sie dabei jeweils von den Nadeln heben.

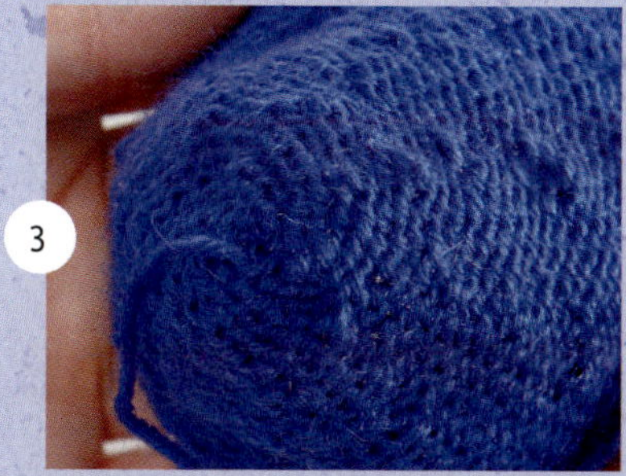

3 Die Nadel durch die Öffnung in der Spitze nach innen stechen und die Socke auf links drehen.
4 Die Maschen mit dem Faden fest zusammenziehen, den Faden in eine **spitze Sticknadel** fädeln und vernähen (> Seite 19).

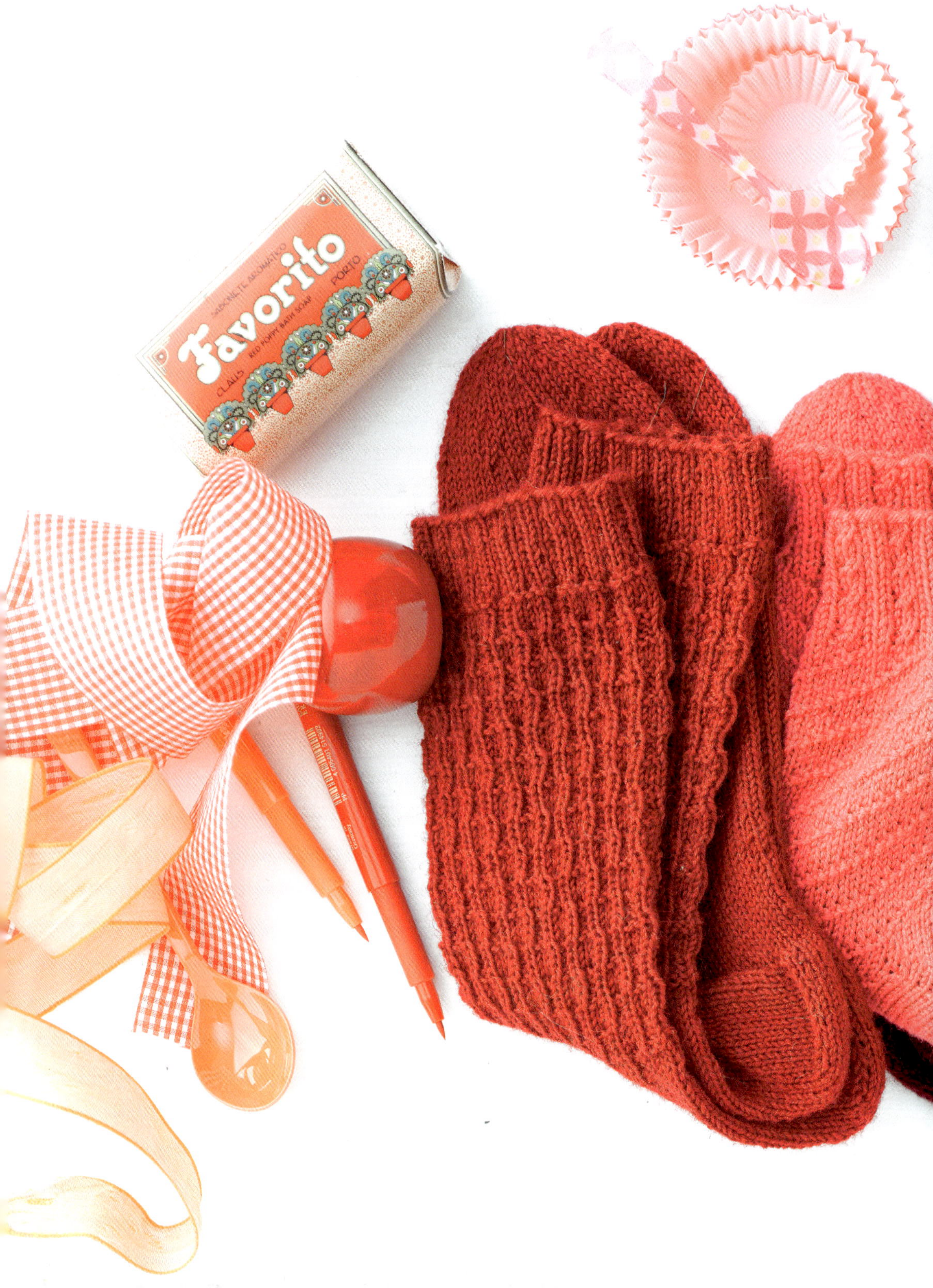
SABONETE AROMÁTICO
Favorito
CLAUS
RED POPPY BATH SOAP
PORTO

MODELLE

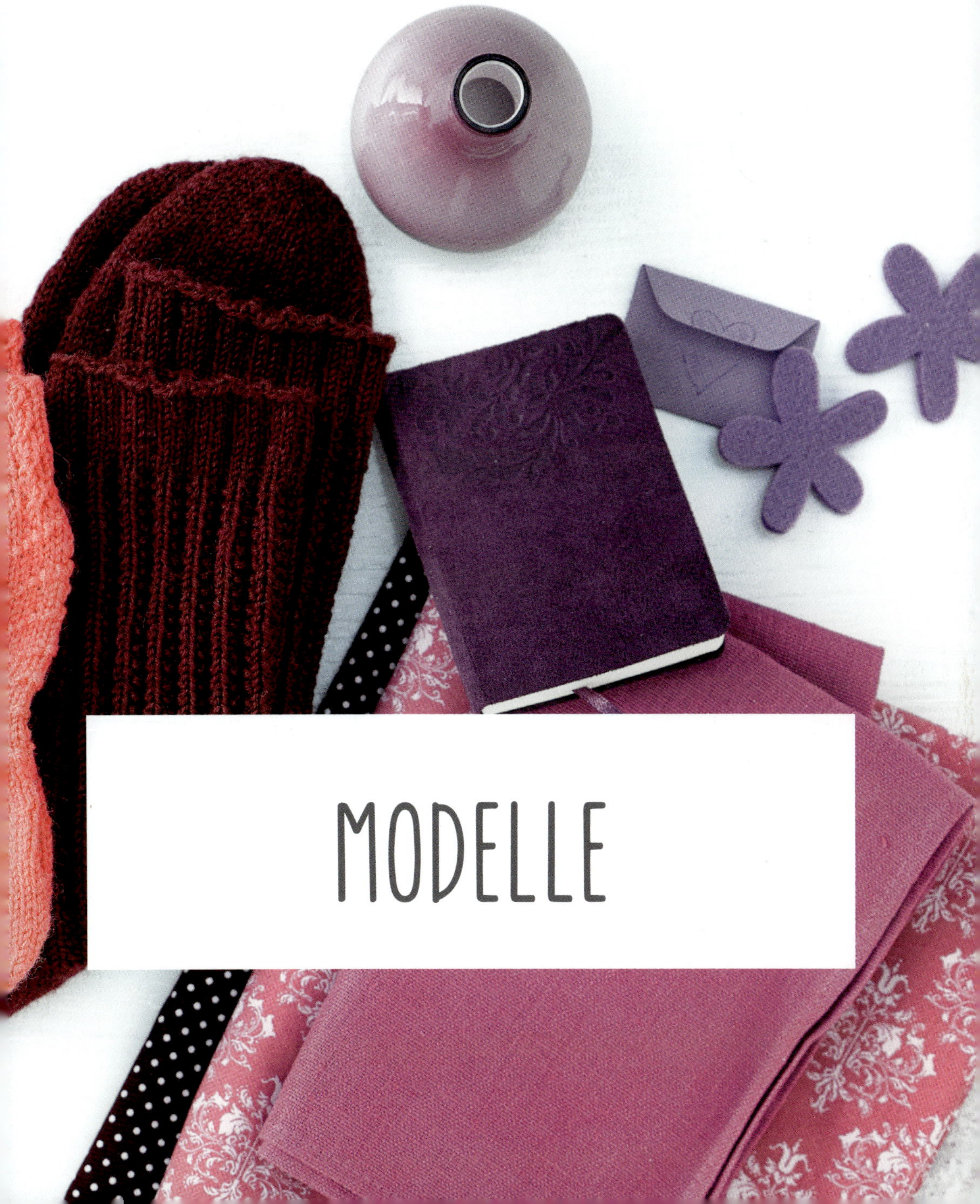

KIRSCHBLÜTE

Wellen und Karos aus rechten Maschen

GRÖSSE

38/39
Maschenzahl teilbar durch 6.

MATERIAL

- Sockengarn 4-fädig (LL 210 m/50 g) in Kirsche, 100 g
- Nadelspiel 2,5 mm
- je 1 dicke Sticknadel mit und ohne Spitze

MASCHENPROBE

Glatt rechts mit Nd 2,5 mm
30 M und 42 R = 10 cm x 10 cm

2

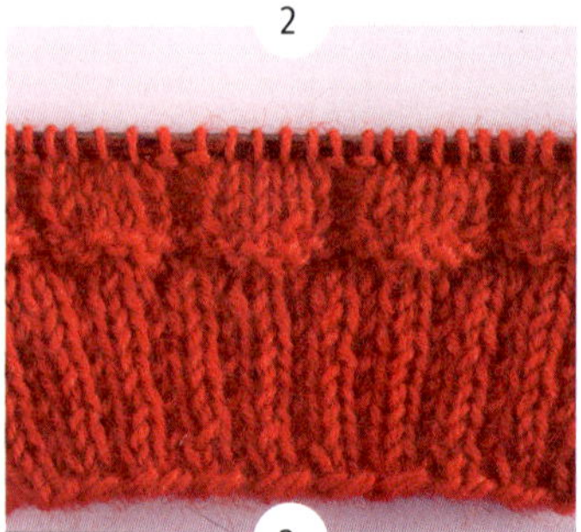

3

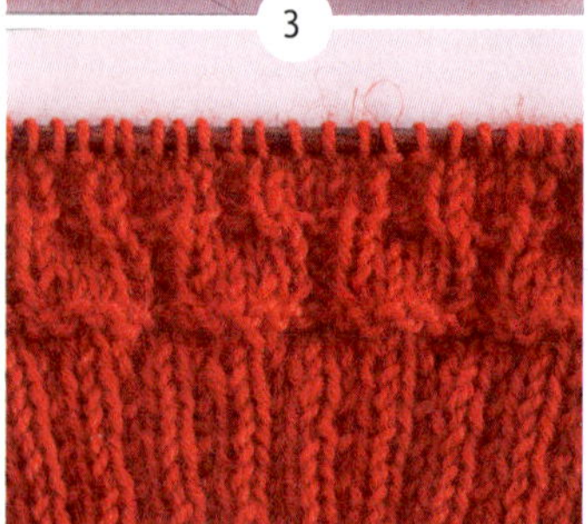

1 60 M anschlagen, gleichmäßig auf 4 Spielnd verteilen (= 15 M pro Nd) und zur Rd schließen, ohne die Anschlagkante zu verdrehen. Für das Bündchen 12 Rd 2 M rechts, 1 M links im Wechsel str. Anschließend 1 Rd rechte M, 1 Rd linke M und nochmals 1 Rd rechte M arbeiten.

2 Für den Schaft im Wellenkaromuster wie folgt str: **1.-4. Rd:** * 4 M rechts, 2 M links, ab * bis zum Ende der Rd fortlaufend wiederholen.

3 **5.-8. Rd:** * 1 M rechts, 2 M links, 3 M rechts, ab * bis zum Ende der Rd fortlaufend wiederholen. (Hinweis: Damit immer komplette Musterfolgen auf den Nadeln liegen, können die M wie folgt verteilt werden: 18-12-18-12 M. In diesem Fall vor Beginn der Ferse die M wieder gleichmäßig verteilen: 15-15-15-15 M.)

4 Die 1.-8. Rd nun fortlaufend wiederholen, bis die gewünschte Schaftlänge erreicht ist.

5 Damit das Wellenkaromuster auf dem Oberfuß symmetrisch weiterläuft, die 1. M der 4. Nd mit auf die 3. Nd heben. Dadurch ergeben sich für die Ferse auf der 1. und 4. Nd 29 M, für den Oberfuß auf der 2. und 3. Nd 31 M. Nun über die 29 M der 1. und 4. Nd eine Käppchenferse (> Seite 20) str. Zuvor notieren, welche Runde des Musters zuletzt gestrickt wurde. Die M-Einteilung für das Käppchen ist je 10 M für die Seitenteile und 9 M für den Mittelteil.

6 Nach Beendigung der Ferse auf der 1. und 4. Nd glatt rechts str. Auf der 2. und 3. Nd mustergemäß das Wellenkaromuster fortsetzen, dazu die 8 Rd des Musters 7x str und dann noch 1x die 1.-4. Rd arbeiten (= 60 Rd). Bis zu einer Gesamtfußlänge von 19 cm glatt rechts (> Seite 13) weiterstr. Die letzte M der 3. Nd wieder zurück auf die 4. Nd heben (15 M pro Nd). In der nächsten Rd auf jeder Nd die ersten 2 M rechts zusammenstr (= 56 M, 14 M pro Nd).

7 6 Rd glatt rechts arbeiten. Dann eine Sternspitze (> Seite 30) str. Den Faden abschneiden, die letzten 8 M mit dem Arbeitsfaden doppelt zusammenziehen und auf der Innenseite vernähen. Den Anfangsfaden ebenfalls vernähen. Die zweite Socke genauso arbeiten.

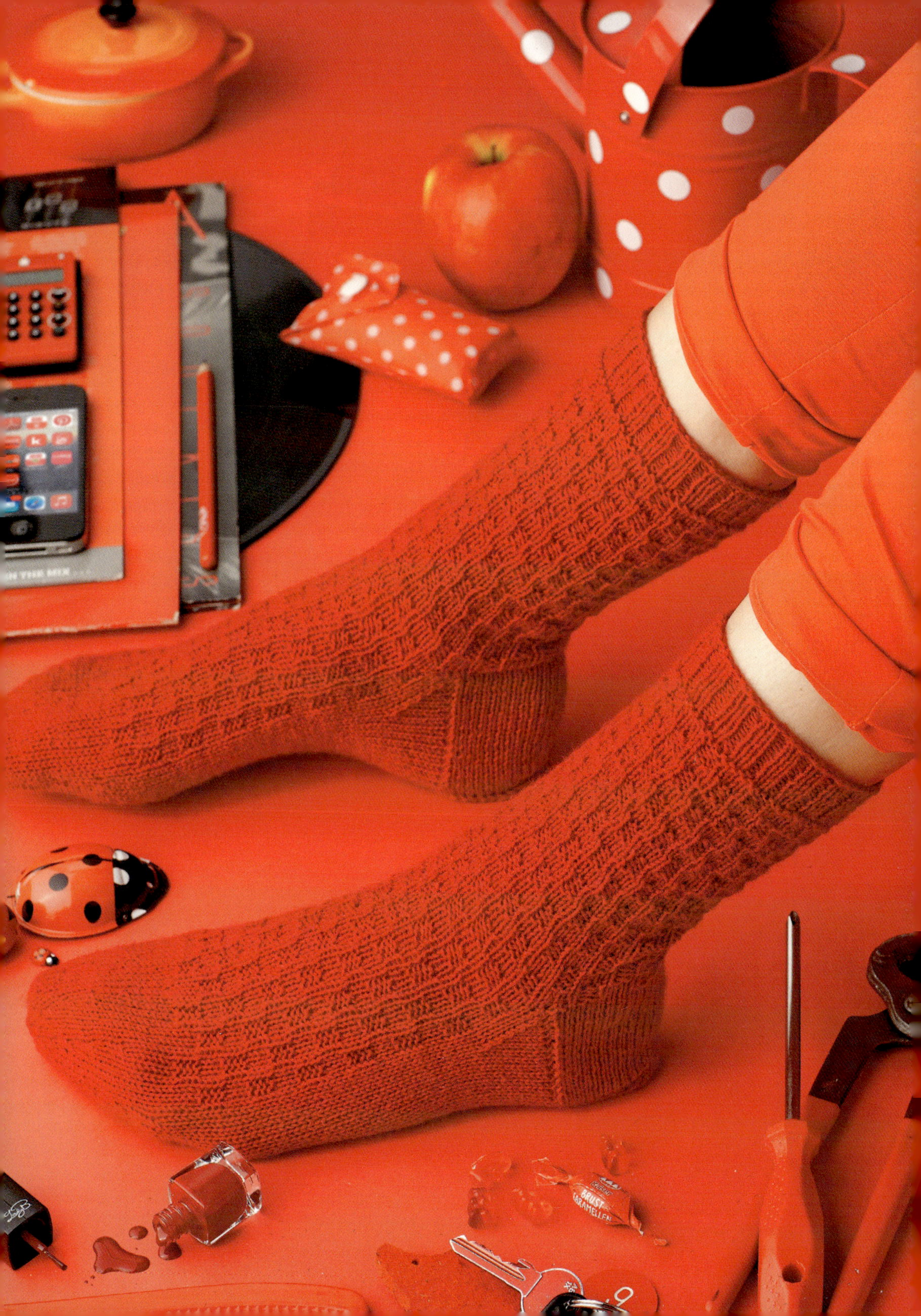

VIOLETTA

Kraus rechts in sattem Pflaumenton

GRÖSSE

38/39
Alle Maschenzahlen möglich.

MATERIAL

- Sockengarn 4-fädig (LL 210 m/50 g) in Pflaume, 100 g
- Nadelspiel 2,5 mm
- je 1 dicke Sticknadel mit und ohne Spitze

MASCHENPROBE

Glatt rechts mit Nd 2,5 mm
30 M und 42 R = 10 cm x 10 cm

1 60 M anschlagen, auf 4 Spielnd verteilen (16-16-12-16 M) und zur Rd schließen, ohne die Anschlagkante zu verdrehen. Ein 2/2-Rippenbündchen (> Seite 17) über 15 Rd str. Die M gleichmäßig auf den 4 Spielnd verteilen (15 M pro Nd), dann für den Schaft bis ca. 15 cm Gesamtlänge kraus rechts (> Seite 13) arbeiten.

2 Nun über die 30 M der 1. und 4. Nd eine Käppchenferse (> Seite 20) str. Die M-Einteilung für das Käppchen ist je 10 M für die Seitenteile und den Mittelteil.

3 Nach Beendigung der Ferse auf der 1. und 4. Nd glatt rechts (> Seite 13), auf der 2. und 3. Nd kraus rechts str. Bis zu einer Gesamtfußlänge von 20 cm in dieser M-Einteilung weiterarbeiten.

4 Dann eine Bandspitze (> Seite 28) str. Den Faden abschneiden, die letzten 8 M mit dem Arbeitsfaden doppelt zusammenziehen und auf der Innenseite vernähen. Den Anfangsfaden ebenfalls vernähen. Die zweite Socke genauso arbeiten.

3
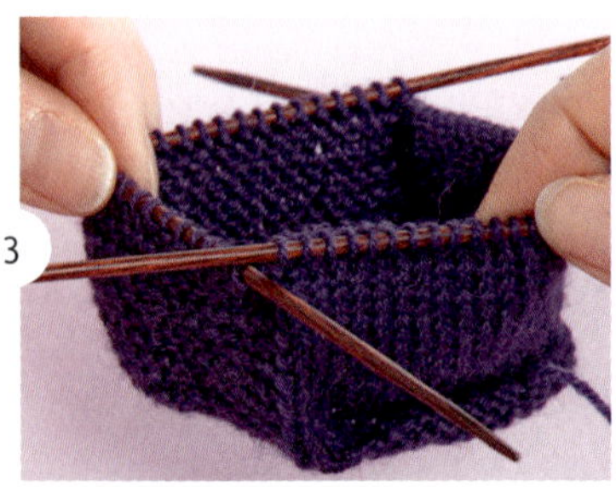

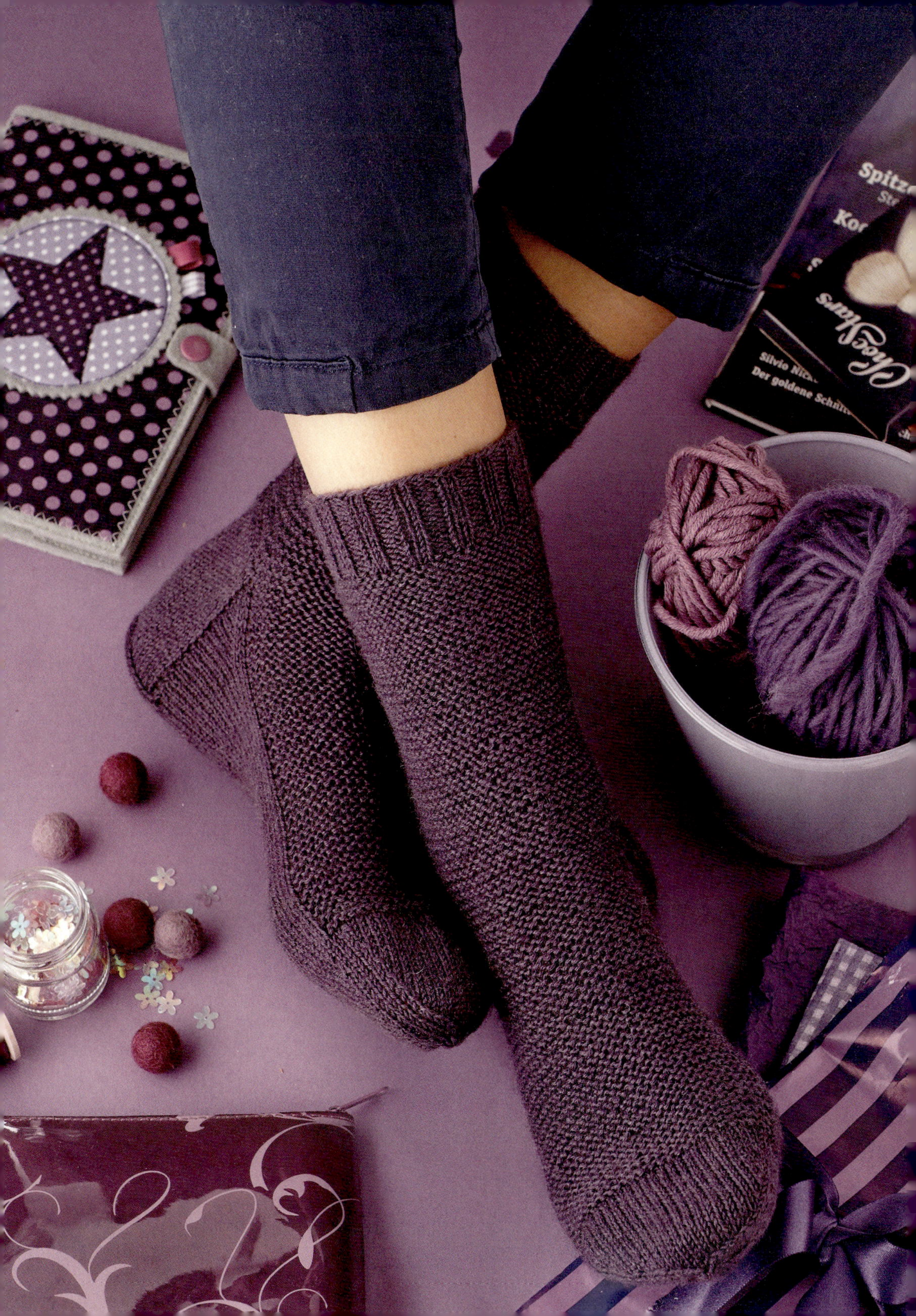

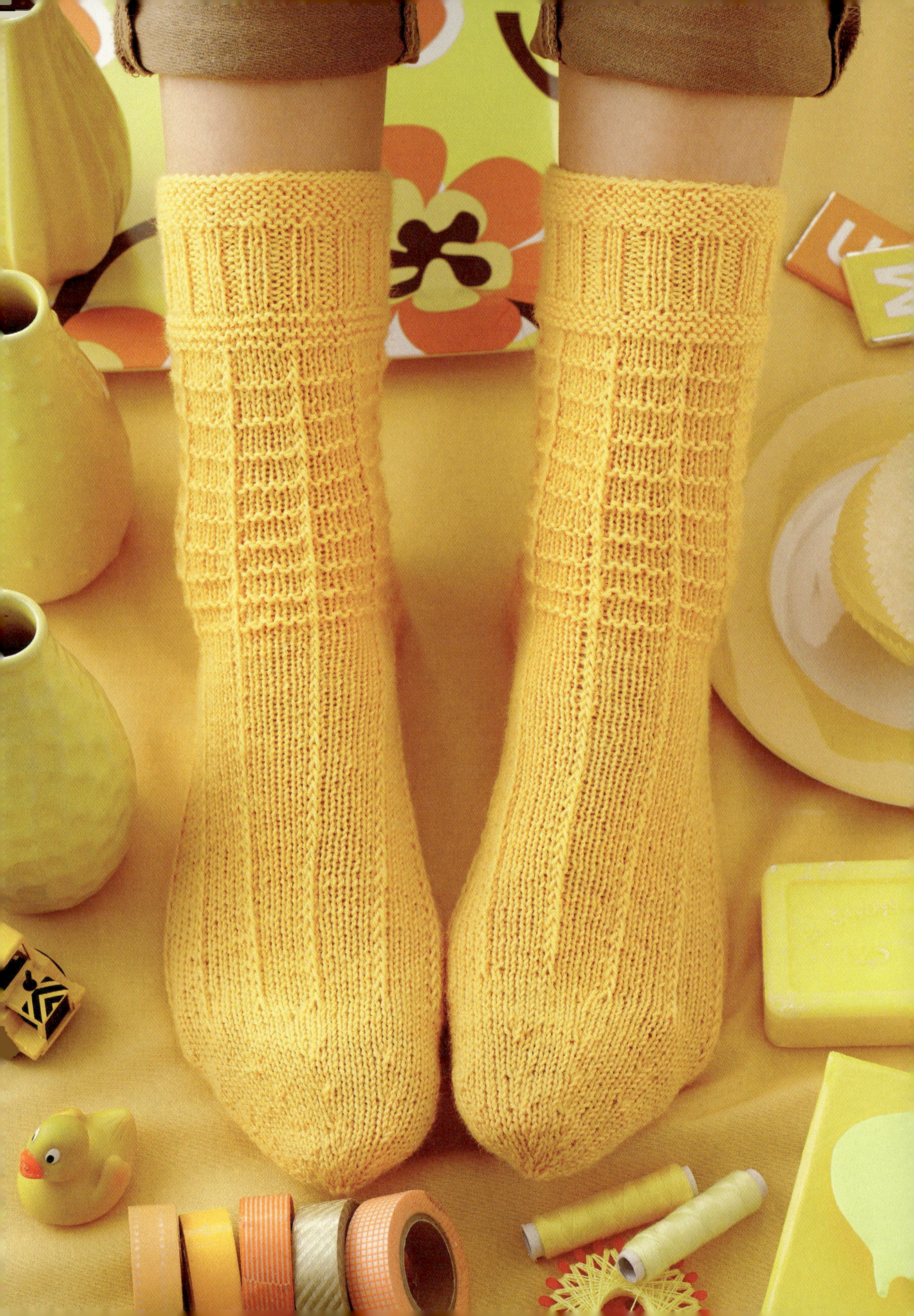

SONNENGRUSS

Gelb mit viel Struktur

GRÖSSE

38/39
Maschenzahl teilbar durch 6.

MATERIAL

- Sockengarn 4-fädig (LL 210 m/50 g) in Mais, 100 g
- Nadelspiel 2,5 mm
- je 1 dicke Sticknadel mit und ohne Spitze

MASCHENPROBE

Glatt rechts mit Nd 2,5 mm
30 M und 42 R = 10 cm x 10 cm

1 60 M anschlagen, auf 4 Spielnd verteilen (18-12-18-12 M) und zur Rd schließen, ohne die Anschlagkante zu verdrehen. 10 Rd kraus rechts (> Seite 13) str. Noch 1 Rd glatt rechts (> Seite 13) anfügen, dann ein 2/2-Rippenbündchen (> Seite 17) über 12 Rd str. 6 Rd kraus rechts arbeiten. Nun für den Schaft wie folgt im Kästchenmuster str: **1. Rd:** * 5 M rechts, 1 M mit dem Faden hinter der Arbeit wie zum Linksstr abheben (> Seite 11), ab * bis zum Ende der Rd fortlaufend wiederholen.

2 **2. Rd:** * 5 M rechts, 1 M rechts verschränkt, ab * bis zum Ende der Rd fortlaufend wiederholen.

3 **3. Rd:** Wie die 1. Rd str. **4. Rd:** Wie die 2. Rd str. **5. Rd:** Wie die 1. Rd str. **6. Rd:** 5 M links, 1 M rechts verschränkt, ab * bis zum Ende der Rd fortlaufend wiederholen. Die 1.-6. Rd des Kästchenmusters nun noch 8x str, mit einer 6. Rd enden.

4 Damit das Kästchenmuster auf dem Oberfuß symmetrisch weiterläuft, die letzte M der 1. Nd auf die 2. Nd heben. Dadurch ergeben sich nachher für die Ferse auf der 1. und 4. Nd 29 M, für den Oberfuß auf der 2. und 3. Nd 31 M. Jetzt noch 6 Rd auf der 1. und 4. Nd glatt rechts, auf der 2. und 3. Nd mustergemäß im Kästchenmuster arbeiten. Nun über die 29 M der 1. und 4. Nd eine Bumerangferse (> Seite 24) str. Die M-Einteilung ist je 10 M für die Seitenteile und 9 M für den Mittelteil. Nach Beendigung der Ferse auf der 1. und 4. Nd glatt rechts, auf der 2. und 3. Nd mustergemäß im Kästchenmuster str, dabei jedoch statt jeder 6. Rd immer eine 2. Rd arbeiten, die links gestrickten Querrippen werden also weggelassen.

5 Bis zu einer Gesamtfußlänge von 19 cm in dieser M-Einteilung weiterstr. Nun die 1. M der 2. Nd wieder zurück auf die 1. Nd heben (15 M pro Nd) und eine Sternspitze (> Seite 30) str. Den Faden abschneiden, die letzten 8 M mit dem Arbeitsfaden doppelt zusammenziehen und auf der Innenseite vernähen. Den Anfangsfaden ebenfalls vernähen. Die zweite Socke genauso arbeiten.

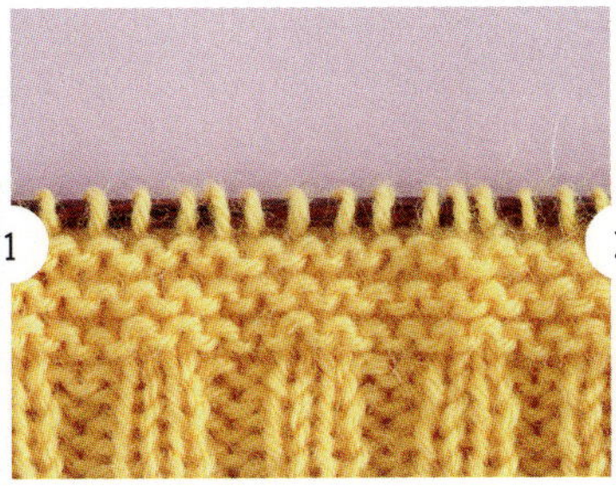
1

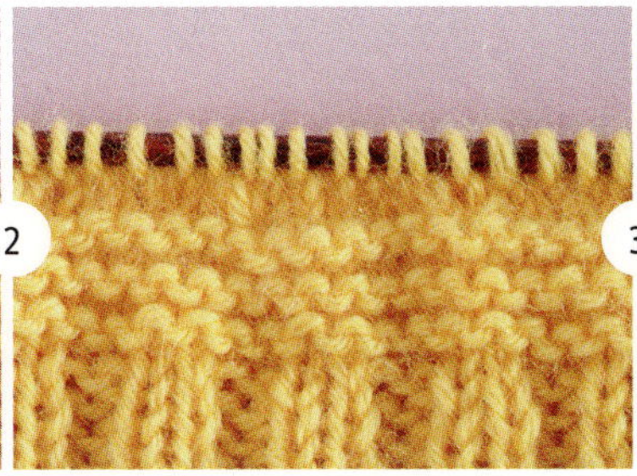
2

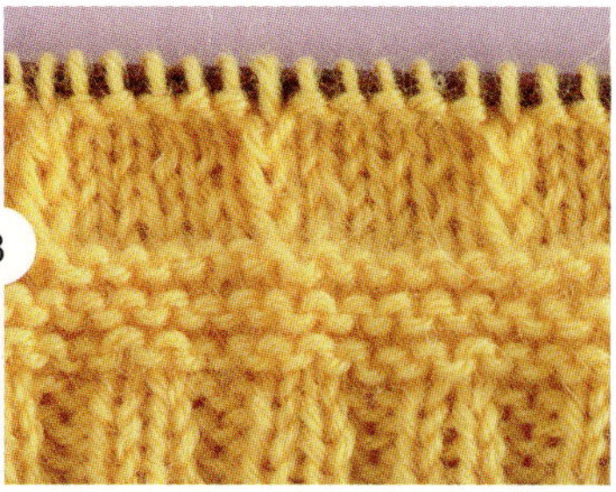
3

HIMMELSSTÜRMER

Gerippte Kästchen in Türkisblau

Größe

38/39

Maschenzahl teilbar durch 2.

MATERIAL

- Sockengarn 4-fädig (LL 210 m/50 g) in Sky, 100 g
- Nadelspiel 2,5 mm
- je 1 dicke Sticknadel mit und ohne Spitze

MASCHENPROBE

Glatt rechts mit Nd 2,5 mm

30 M und 42 R = 10 cm x 10 cm

1 60 M anschlagen, gleichmäßig auf 4 Spielnd verteilen (15 M pro Nd) und zur Rd schließen, ohne die Anschlagkante zu verdrehen. Ein 1/1-Rippenbündchen (> Seite 17) über 12 Rd str.

2 Dann für den Schaft im Rippen-Kästchen-Muster wie folgt arbeiten:
1. Rd: Rechte M str.

3 **2. Rd:** Linke M str.

4 **3. und 4. Rd:** 1 M rechts, 1 M links im Wechsel str. Die 1.-4. Rd bis ca. 15,5 cm Gesamtlänge fortlaufend wiederholen, mit einer 2. Rd (= linke M) enden. Damit das Grundmuster auf dem Oberfuß symmetrisch weiterläuft, die letzte M der 1. Nd auf die 2. Nd heben. Dadurch ergeben sich nachher für die Ferse auf der 1. und 4. Nd 29 M, für den Oberfuß auf der 2. und 3. Nd 31 M. Jetzt noch 4 Rd auf der 1. und 4. Nd glatt rechts (> Seite 13), auf der 2. und 3. Nd im Rippen-Kästchen-Muster str, mit einer 1. M des Rippen-Kästchen-Musters enden.

5 Über die 29 M der 1. und 4. Nd eine Bumerangferse (> Seite 24) str. Die M-Einteilung ist je 10 M für die Seitenteile und 9 M für den Mittelteil. Nach Beendigung der Ferse auf der 1. und 4. Nd glatt rechts, auf der 2. und 3. Nd mustergemäß im Rippen-Kästchen-Muster str. Bis zu einer Gesamtfußlänge von 19 cm in dieser M-Einteilung weiterstr, mit einer 2. Rd (= linke M) enden. Nun die 1. M der 2. Nd wieder auf die 1. Nd heben (15 M pro Nd) und in der nächsten Rd auf jeder Nd die ersten 2 M rechts zusammenstr (= 56 M, 14 M pro Nd). 6 Rd glatt rechts arbeiten.

6 Dann eine Sternspitze (> Seite 30) str. Den Faden abschneiden, die letzten 8 M mit dem Arbeitsfaden doppelt zusammenziehen und auf der Innenseite vernähen. Den Anfangsfaden ebenfalls vernähen. Die zweite Socke genauso arbeiten.

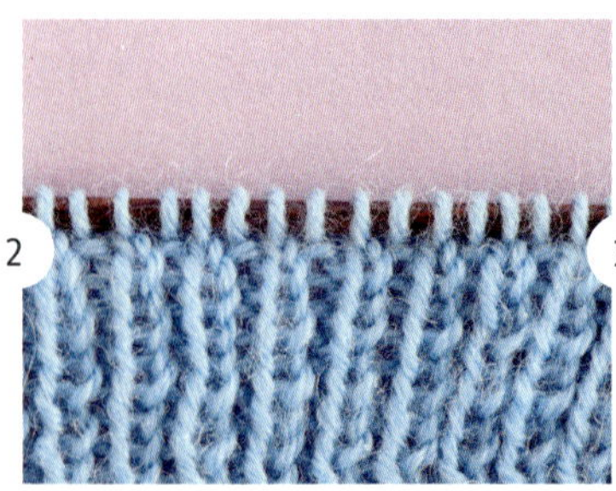

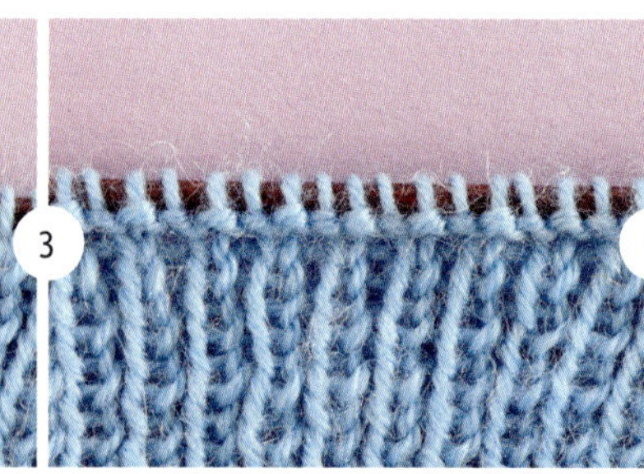

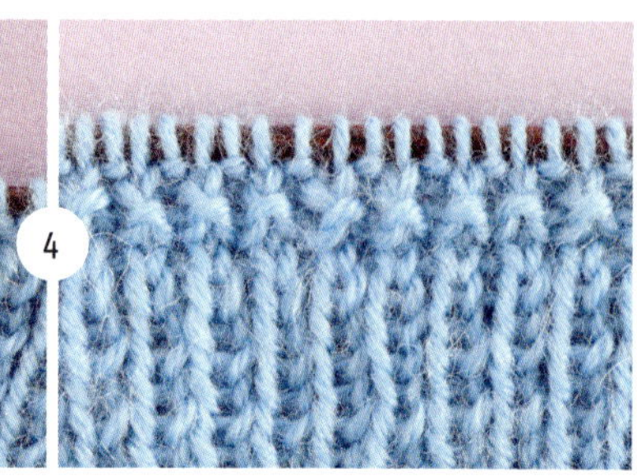

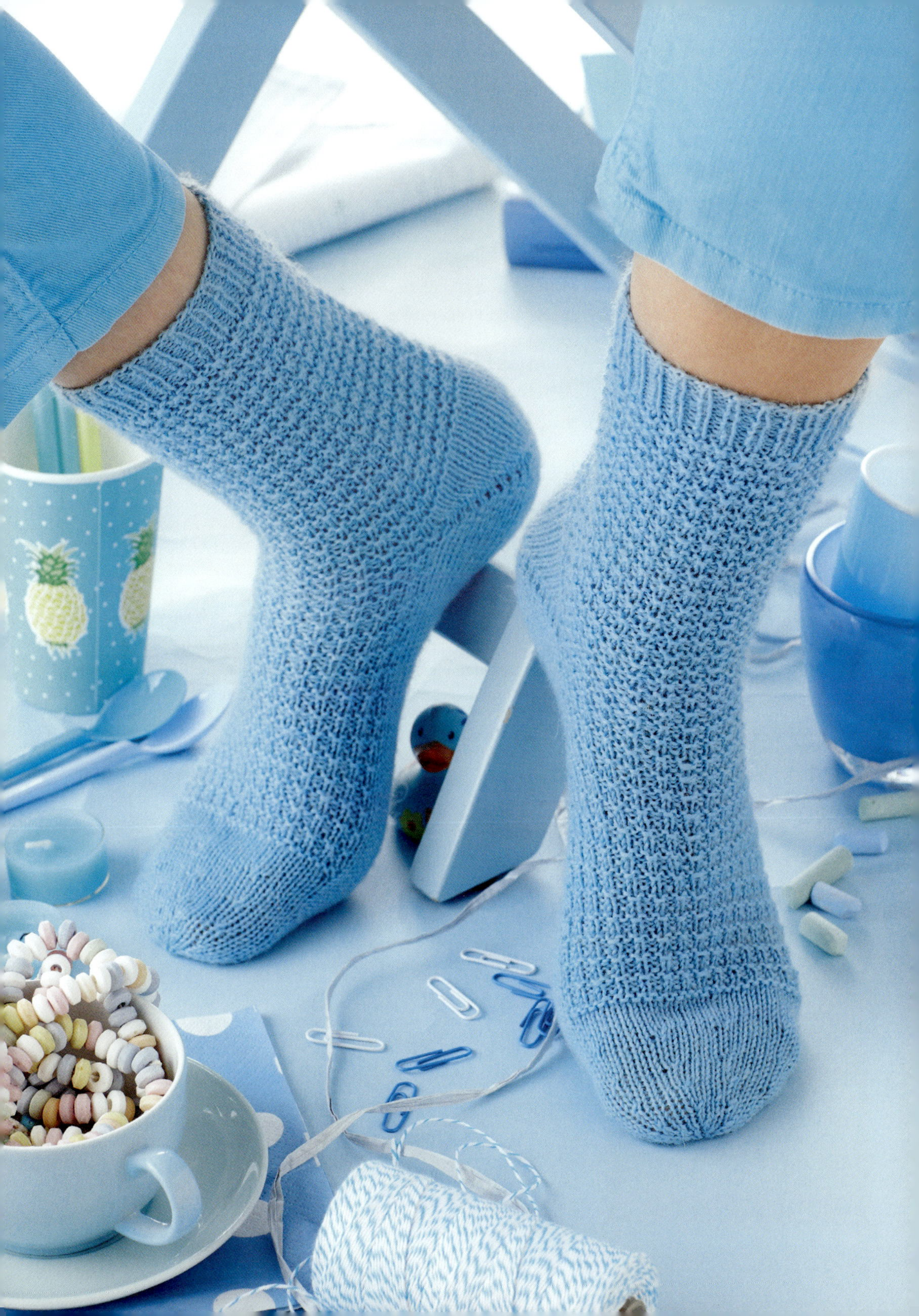

PATENTLÖSUNG

In klassischem Weinrot

GRÖSSE

38/39
Maschenzahl teilbar durch 4.

MATERIAL

- Sockengarn 4-fädig (LL 210 m/50 g) in Burgund (Fb 315), 100 g
- Nadelspiel 2,5 mm
- je 1 dicke Sticknadel mit und ohne Spitze

MASCHENPROBE

Glatt rechts mit Nd 2,5 mm
30 M und 42 R = 10 cm x 10 cm

2

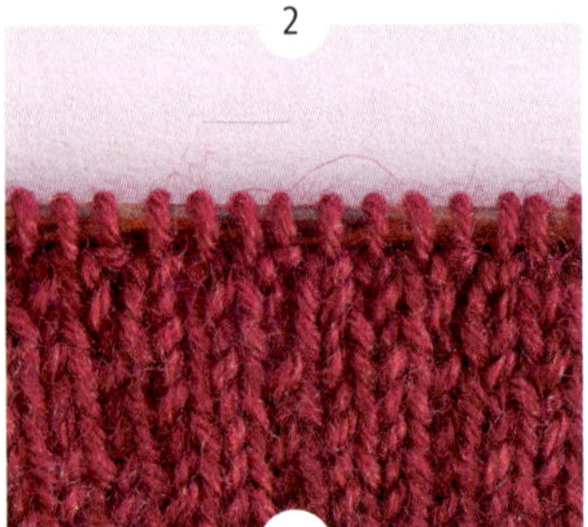

3

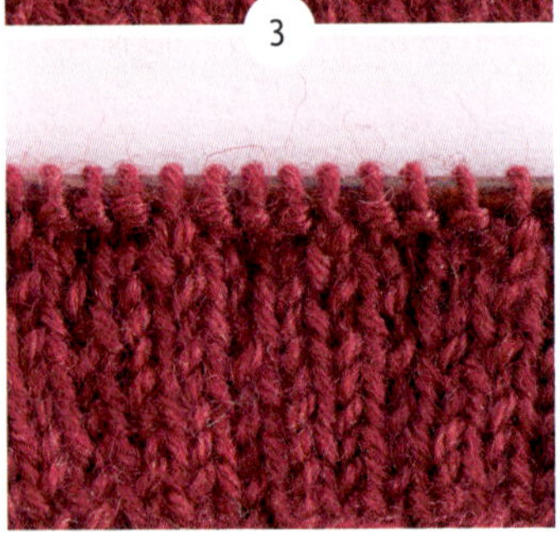

1 60 M anschlagen, gleichmäßig auf 4 Spielnd verteilen (15 M pro Nd) und zur Rd schließen, ohne die Anschlagkante zu verdrehen. Für das Bündchen 12 Rd 3 M rechts, 1 M links im Wechsel str.

2 Dann für den Schaft wie folgt im falschen Patentmuster arbeiten:
1. Rd: * 3 M rechts, 1 M links str, ab * bis zum Ende der Rd fortlaufend wiederholen.

3 **2. Rd:** * 1 M links, 1 M rechts, 2 M links str, ab * bis zum Ende der Rd fortlaufend wiederholen. Die 1. und 2. Rd bis ca. 17 cm Schaftlänge ab Anschlag wiederholen, mit einer 2. Rd enden.

4 Damit das Grundmuster auf dem Oberfuß symmetrisch weiterläuft, die letzte M der 3. Nd auf die 4. Nd heben. Dadurch ergeben sich nachher für die Ferse auf der 1. und 4. Nd 31 M, für den Oberfuß auf der 2. und 3. Nd 29 M. Über die 31 M der 1. und 4. Nd eine Käppchenferse (> Seite 20) str. Die M-Einteilung für das Käppchen ist je 10 M für die Seitenteile und 11 M für den Mittelteil.

5 Nach Beendigung der Ferse auf der 1. und 4. Nd glatt rechts (> Seite 13), auf der 2. und 3. Nd weiter im falschen Patentmuster str, dabei jeweils mit 1 M links beginnen. Bis zu einer Gesamtfußlänge von 19 cm in dieser M-Einteilung weiterstr. Mit einer 2. Rd enden.

6 In der nächsten Rd die 1. M der 4. Nd zurück auf die 3. Nd heben und auf jeder Nd die ersten 2 M rechts zusammenstr (= 56 M insgesamt, 14 M pro Nd). 4 Rd glatt rechts str. Dann eine Sternspitze (> Seite 30) arbeiten. Den Faden abschneiden, die letzten 8 M mit dem Arbeitsfaden doppelt zusammenziehen und auf der Innenseite vernähen. Den Anfangsfaden ebenfalls vernähen. Die zweite Socke genauso arbeiten.

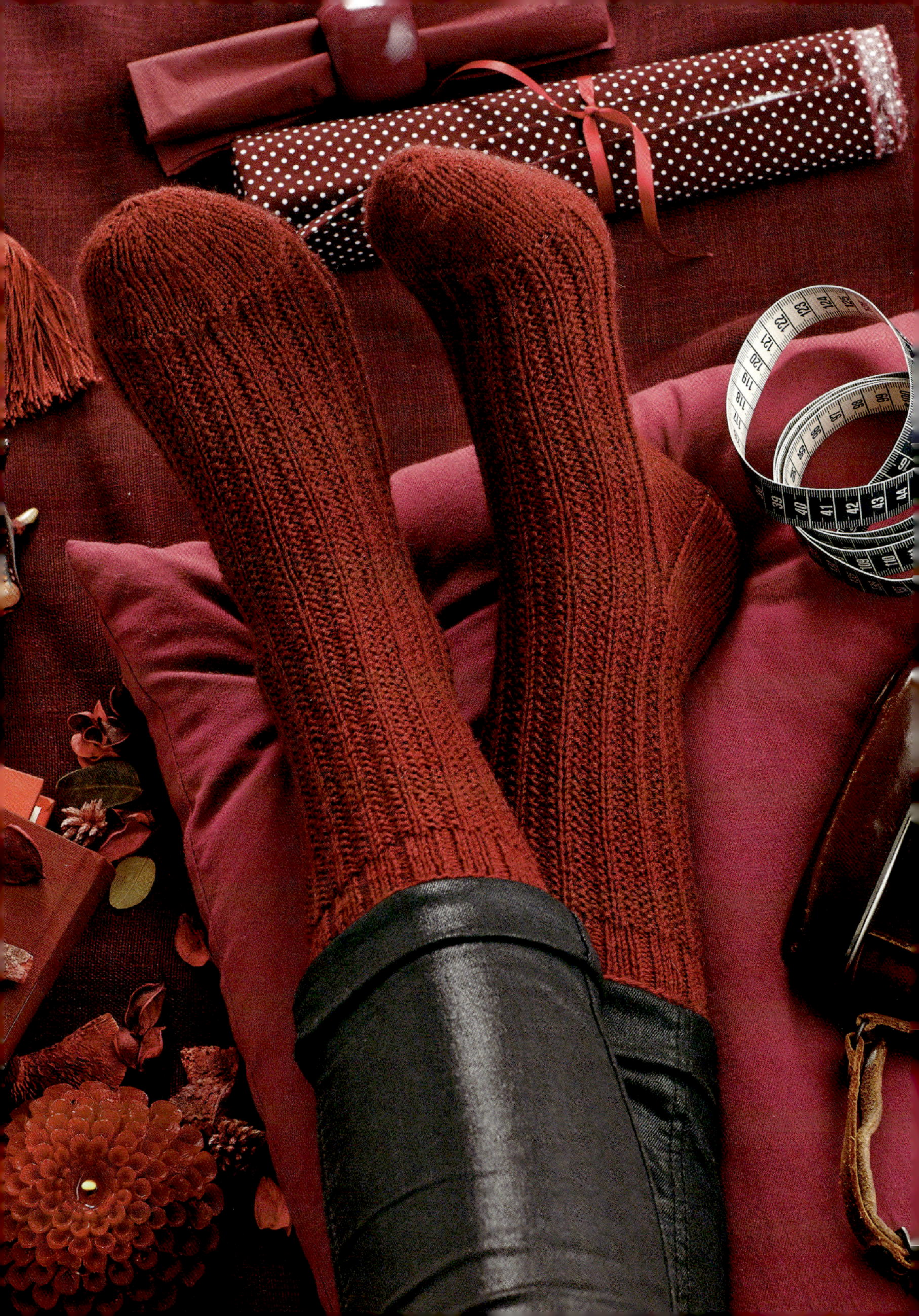

CAIPIRINHA

Frisches Lochmuster in Limettengelb

GRÖSSE

38/39
Maschenzahl teilbar durch 4.

MATERIAL

- Sockengarn 4-fädig (LL 210 m/50 g) in Lime, 100 g
- Nadelspiel 2,5 mm
- je 1 dicke Sticknadel mit und ohne Spitze

MASCHENPROBE

Glatt rechts mit Nd 2,5 mm
30 M und 42 R = 10 cm x 10 cm

1 64 M anschlagen, gleichmäßig auf 4 Spielnd verteilen (16 M pro Nd) und zur Rd schließen, ohne die Anschlagkante zu verdrehen. Ein verschränktes 1/1-Bündchen (> Seite 17) über 12 Rd str. Dann für den Schaft bis ca. 15 cm Gesamtlänge im Lochmuster wie im Folgenden angegeben arbeiten, aber in der 1. Rd einmalig die ersten 2 M jeder Nd rechts zusammenstr (= 60 M): **1. und 2. Rd:** Rechte M str.

2 **3. Rd:** * 1 M rechts, 2 M rechts abgehoben zusammenstr (> Seite 12), 1 M rechts, 1 Umschlag über die Nd legen, ab * bis zum Ende der Rd fortlaufend wiederholen.

3 **4.-6. Rd:** Rechte M str, dabei in der 4. Rd die Umschläge ebenfalls als rechte Maschen stricken.

4 **7. Rd:** * 1 M rechts, 1 Umschlag, 1 M rechts, 2 M rechts abgehoben zusammenstr, ab * bis zum Ende der Rd fortlaufend wiederholen. **8. Rd:** Rechte M str. Die 1.-8. Rd bis zur gewünschten Schaftlänge wiederholen, mit einer 4. oder 8. Rd enden.

5 Nun über die 30 M der 1. und 4. Nd eine Käppchenferse (> Seite 20) str. Die M-Einteilung für das Käppchen ist je 10 M für die Seitenteile und den Mittelteil. Nach Beendigung der Ferse auf der 1. und 4. Nd glatt rechts (> Seite 13), auf der 2. und 3. Nd bis auf die letzten 2 M der 3. Nd im Lochmuster arb, die letzten 2 M immer rechts str. Bis zu einer Gesamtfußlänge von 20 cm in dieser M-Einteilung weiterstr. Mit einer 4. oder 8. Rd des Lochmusters enden. Sollte die Gesamtfußlänge noch nicht erreicht sein, bis dahin glatt rechts str.

6 Dann eine Bandspitze (> Seite 28) str. Den Faden abschneiden, die letzten 8 M mit dem Arbeitsfaden doppelt zusammenziehen und auf der Innenseite vernähen. Den Anfangsfaden ebenfalls vernähen. Die zweite Socke genauso arbeiten.

2
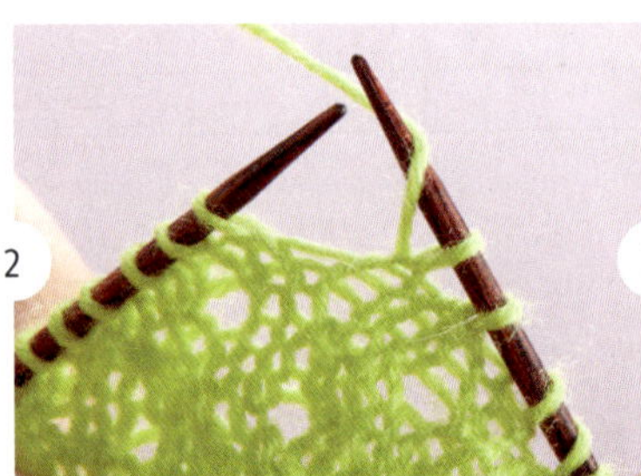

3
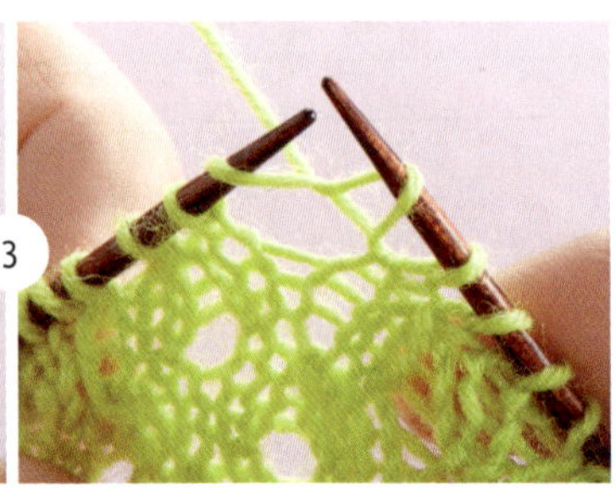

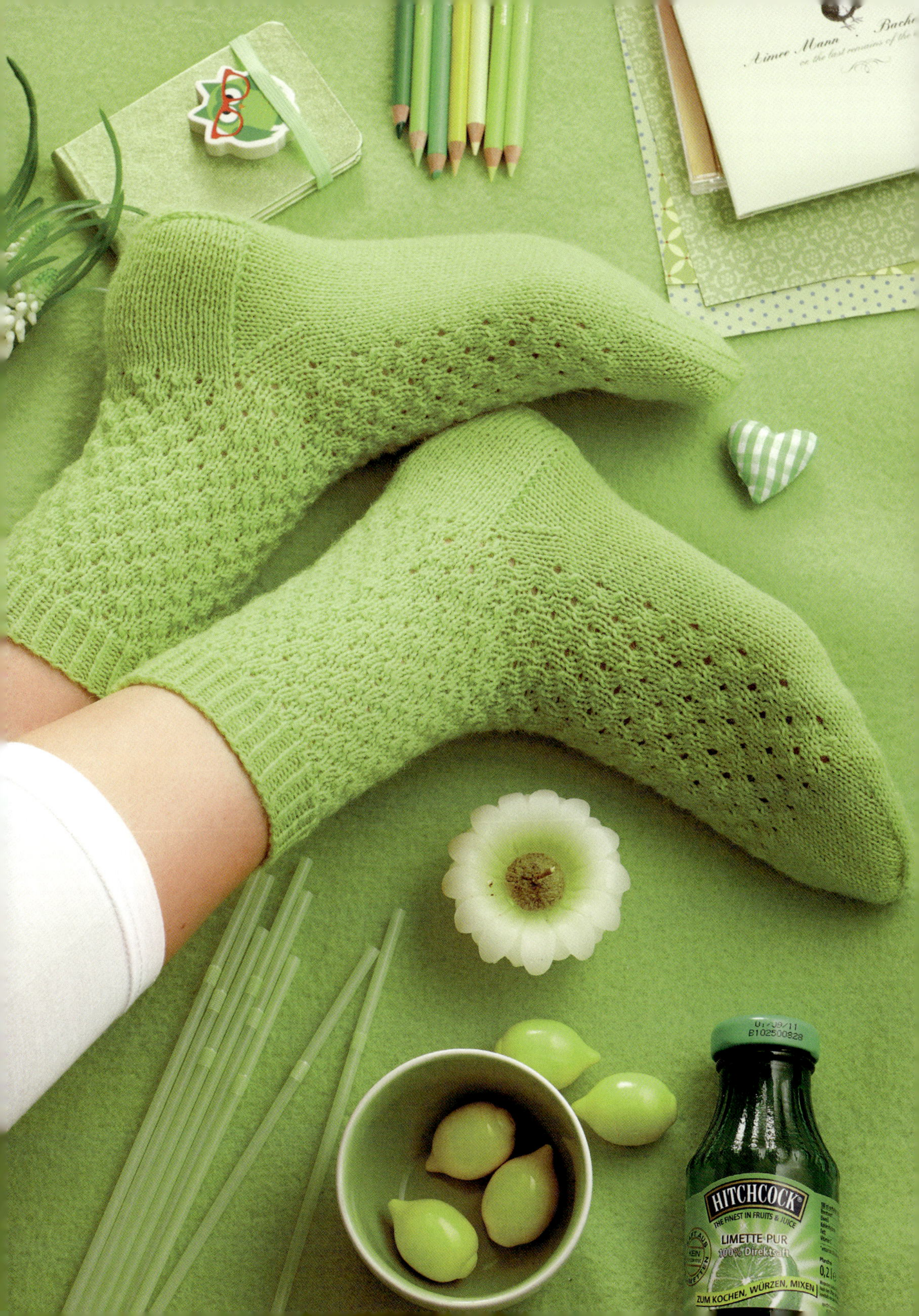
Aimee Mann
HITCHCOCK
THE FINEST IN FRUITS & JUICE
LIMETTE PUR
100% Direktsaft
ZUM KOCHEN, WÜRZEN, MIXEN

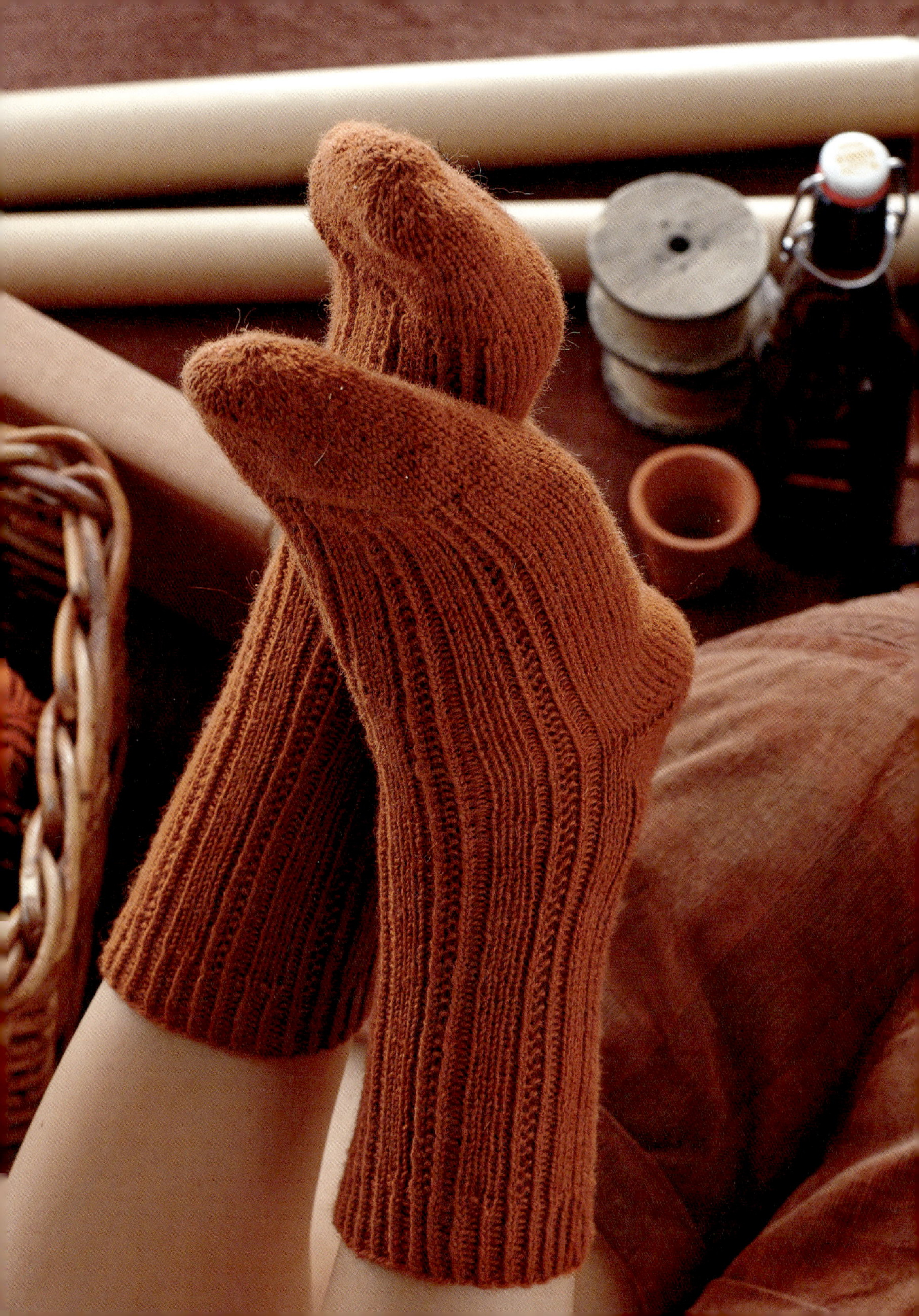

ZIMTSCHNECKE

Rippenmuster in Gewürzfarbe

1 64 M anschlagen, gleichmäßig auf 4 Spielnd verteilen (= 16 M pro Nd) und zur Rd schließen, ohne die Anschlagkante zu verdrehen. (Hinweis: Hier wird für Größe 38/39 mit 64 Maschen gearbeitet, da sich das Muster ein wenig zusammenzieht.) Ein verschränktes 1/1-Bündchen (> Seite 17) über 12 Rd str.

2 Dann für den Schaft im Rippenmuster wie folgt arbeiten: **1. Rd:** 3 M rechts, 1 M links, 1 M rechts verschränkt, 1 M rechts, 1 M rechts verschränkt, 1 M links, ab * bis zum Ende der Rd fortlaufend wiederholen.

3 **2. Rd:** * 3 M rechts, 1 M links, 1 M rechts verschränkt, 1 M links, 1 M rechts verschränkt, 1 M links, ab * bis zum Ende der Rd fortlaufend wiederholen.

4 Die 1. und 2. Rd bis zu einer Gesamtlänge von ca. 16 cm fortlaufend wiederholen, mit einer 2. Rd enden. Damit das Rippenmuster auf dem Oberfuß symmetrisch weiterläuft, die ersten 2 M der 4. Nd auf die 3. Nd und die 1. M der 2. Nd auf die 1. Nd heben. Dadurch ergeben sich nachher für die Ferse auf der 1. und 4. Nd 31 M, für den Oberfuß auf der 2. und 3. Nd 33 M. Jetzt noch 4 Rd auf der 1. und 4. Nd glatt rechts (> Seite 13), auf der 2. und 3. Nd mustergemäß im Rippenmuster arbeiten.

5 Über den 31 M der 1. und 4. Nd eine Bumerangferse (> Seite 24) str. Die M-Einteilung ist je 10 M für die Seitenteile und 11 M für den Mittelteil. Nach Beendigung der Ferse auf der 1. und 4. Nd glatt rechts str, auf der 2. und 3. Nd das Rippenmuster mustergemäß fortsetzen. Bis zu einer Gesamtfußlänge von 19 cm in dieser M-Einteilung weiterstr. Die letzten 2 M der 3. Nd auf die 4. Nd und die letzte M der 1. Nd auf die 2. Nd heben (16 M pro Nd).

6 Dann eine Sternspitze (> Seite 30) str. Den Faden abschneiden, die letzten 8 M mit dem Arbeitsfaden doppelt zusammenziehen und auf der Innenseite vernähen. Den Anfangsfaden ebenfalls vernähen. Die zweite Socke genauso arbeiten.

GRÖSSE

38/39
Maschenzahl teilbar durch 8.

MATERIAL

- Sockengarn 4-fädig (LL 210 m/50 g) in Zimt, 100 g
- Nadelspiel 2,25 mm
- je 1 dicke Sticknadel mit und ohne Spitze

MASCHENPROBE

Glatt rechts mit Nd 2,25 mm
32 M und 45 R = 10 cm x 10 cm

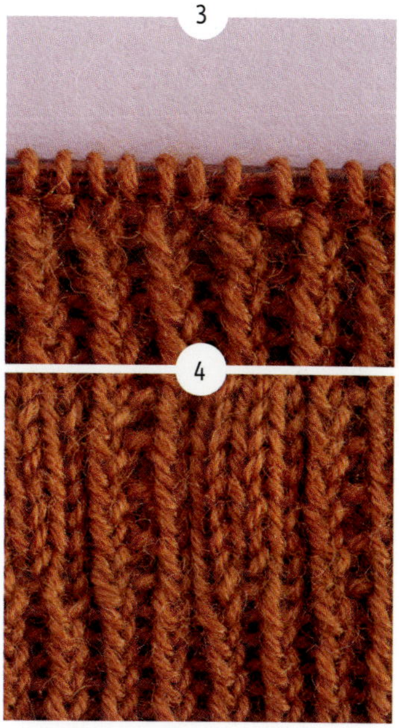

DAS KLEINE PINKE

Mit verspielten Spiralen

●●●

GRÖSSE

38/39
Maschenzahl teilbar durch 6.

MATERIAL

- Sockengarn 4-fädig (LL 210 m/50 g) in Pink Lady, 100 g
- Nadelspiel 2,5 mm
- je 1 dicke Sticknadel mit und ohne Spitze

MASCHENPROBE

Glatt rechts mit Nd 2,5 mm
30 M und 42 R = 10 cm x 10 cm

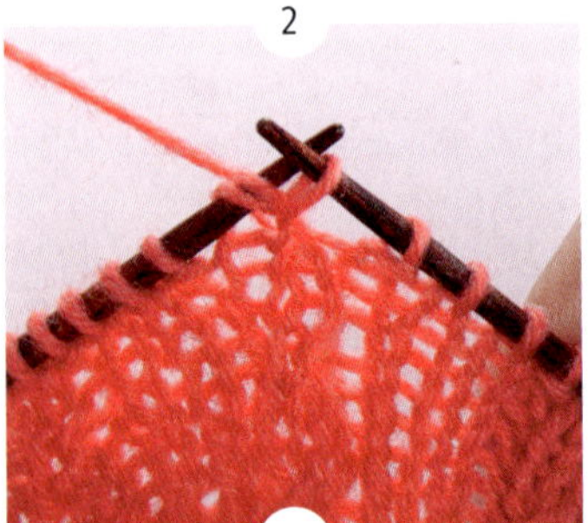
2

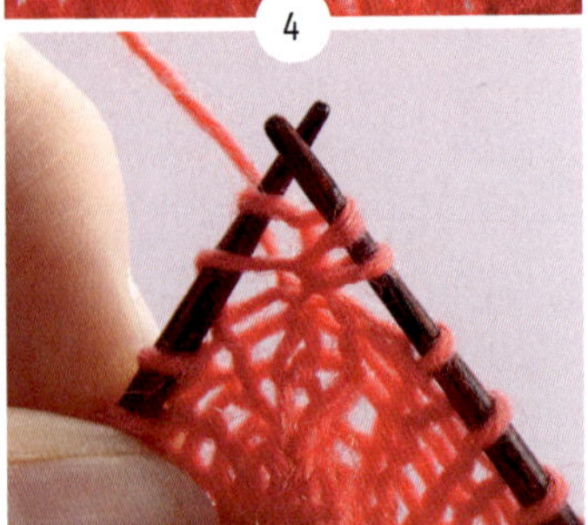
4

Hinweis Die beiden Socken unterscheiden sich im Schaftumfang um 2 M. Dies ist notwendig, damit sich das Spiralmuster einmal nach links (mit 59 M) und einmal nach rechts (mit 61 M) dreht.

1 60 M anschlagen, auf 4 Spielnd verteilen (18-12-18-12 M) und zur Rd schließen, ohne die Anschlagkante zu verdrehen. Für das Bündchen wie folgt arbeiten: **1. und 2. Rd:** 2 M rechts, 1 M links str.

2 **3. Rd:** 2 M rechts, 1 M links, 2 M rechts zusammenstr, aber noch nicht von der Nd gleiten lassen, ...

3 ... die 1. der beiden M nochmals rechts str, dann beide M von der Nd gleiten lassen.

4 1 M links str. **4. Rd:** Wie die 1. und 2. Rd str. Die 1.-4. Rd 4x arbeiten (= 16 Rd). Nun für den Schaft im Spiralmuster arbeiten. Dazu 5 M rechts, 1 M links fortlaufend in Spiralen (über den Rd-Anfang hinweg) str, dabei aber für die beiden Socken jeweils wie folgt weiterstr: **1. Socke:** In der 1. Rd die zweit- und drittletzte M der 4. Nd rechts zusammenstr (= 59 M). Bis zu einer Gesamtschaftlänge von ca. 12 cm str. Nun vor der 1. M der 1. Nd 1 M rechts verschränkt aus dem Querfaden zunehmen. Dazu mit der linken Nd von vorn unter dem Querfaden zwischen der soeben gestrickten M und der noch zu strickenden M einstechen und den Faden auf die Nd heben, dann wie eine rechte M abstr. Über den jetzt 30 M der 1. und 4. Nd eine Bumerangferse (>Seite 24) str. Die M-Einteilung ist je 10 M für die Seitenteile und den Mittelteil.

5 **2. Socke:** In der 1. Rd zwischen der zweit- und drittletzten M der 4. Nd 1 M rechts verschränkt aus dem Querfaden zunehmen (= 61 M).

6 Bis zu einer Gesamtlänge von ca. 12 cm str. Nun die ersten 2 M der 1. Nd rechts zusammenstr und über den jetzt 30 M der 1. und 4. Nd eine Bumerangferse str. Die M-Einteilung ist 10/10/10. Nach Beendigung der Ferse auf der 1. und 4. Nd glatt rechts (> Seite 13), auf der 2. und 3. Nd mustergemäß im Spiralmuster str, dazu das Muster in jeder Rd um 1 M versetzen.

7 Bis zu einer Gesamtfußlänge von 19 cm in dieser M-Einteilung weiterstr. In der nächsten Rd auf jeder Nd die ersten 2 M rechts zusammenstr (= 56 M, 14 M pro Nd). 6 Rd glatt rechts str. Dann eine Sternspitze (> Seite 30) arb. Den Faden abschneiden, die letzten 8 M mit dem Arbeitsfaden doppelt zusammenziehen und auf der Innenseite vernähen. Den Anfangsfaden ebenfalls vernähen.

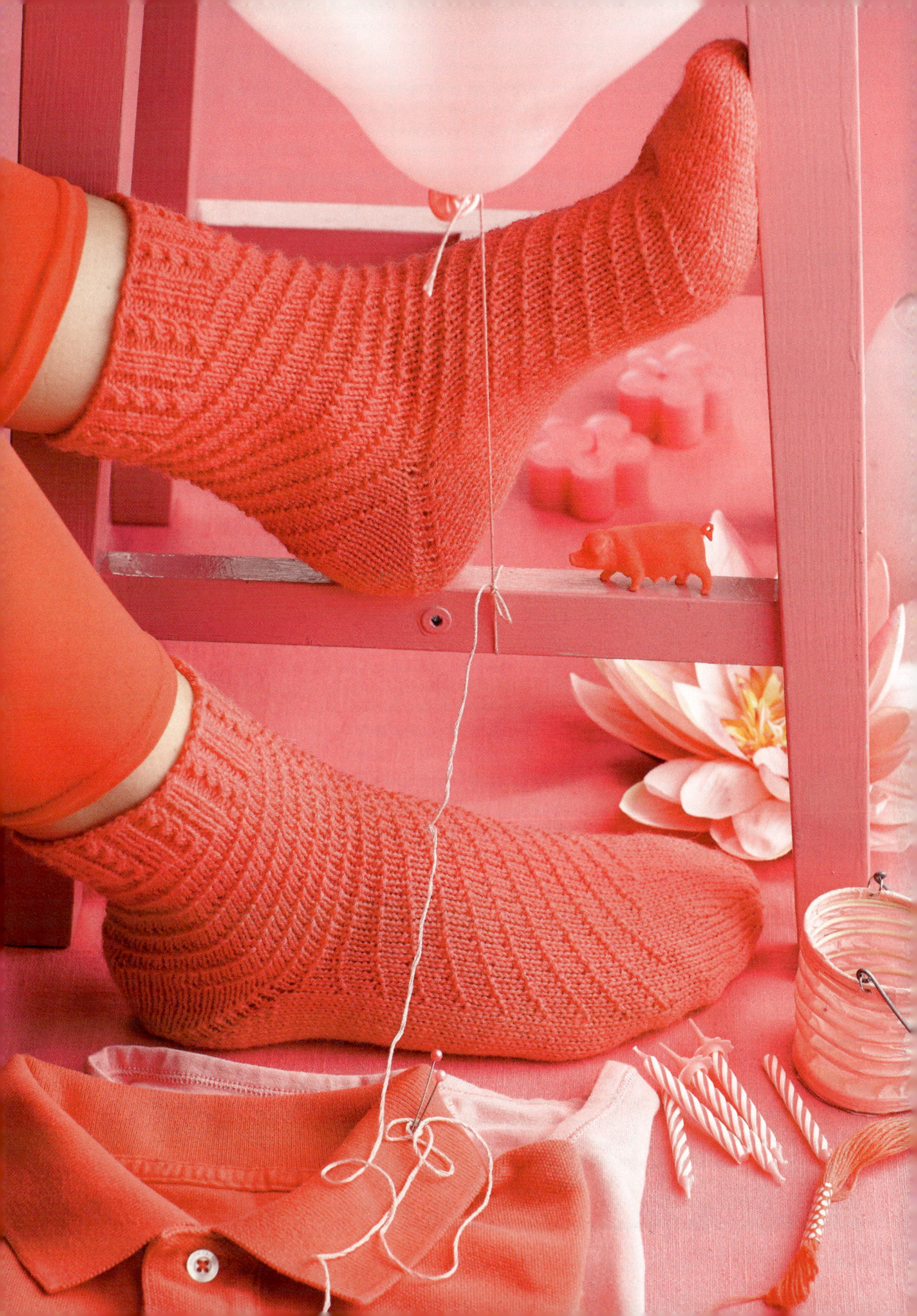

GRÜNZEUG

Feines Lochmuster für warme Tage

●●●

GRÖSSE

38/39
Maschenzahl teilbar durch 6.

MATERIAL

- Sockengarn 4-fädig (LL 210 m/50 g) in Blattgrün, 100 g
- Nadelspiel 2,5 mm
- je 1 dicke Sticknadel mit und ohne Spitze

MASCHENPROBE

Glatt rechts mit Nd 2,5 mm
30 M und 42 R = 10 cm x 10 cm

1 60 M anschlagen, auf 4 Spielnd verteilen (18-12-18-12 M) und zur Rd schließen, ohne die Anschlagkante zu verdrehen. Anschließend ein verschränktes 1/1-Bündchen (> Seite 17) über 12 Rd str.

2 Dann für den Schaft im Lochmuster wie folgt arbeiten: **1. und 2. Rd:** * 1 M rechts verschränkt, 1 M links, 3 M rechts, 1 M links, ab * bis zum Ende der Rd fortlaufend wiederholen. **3. Rd:** * 1 M rechts verschränkt, 1 M links, 1 Umschlag.

3 3 M mit aufliegender Mittel-M zusammenstr, dafür 2 M gleichzeitig wie zum Rechtsstr abheben, ...

4 ... 1 M rechts str und die abgehobenen M überziehen. 1 Umschlag, 1 M links, ab * bis zum Ende der Rd fortlaufend wiederholen. **4. Rd:** Wie die 1. und 2. Rd str. Die 1.-4. Rd insgesamt 15x str oder bis zur gewünschten Schaftlänge wiederholen.

5 Damit das Lochmuster auf dem Oberfuß symmetrisch weiterläuft, die 1. M der 4. Nd auf die 3. Nd heben. Es ergeben sich für die Ferse auf der 1. und 4. Nd 29 M, für den Oberfuß auf der 2. und 3. Nd 31 M. Nun über die 29 M der 1. und 4. Nd eine Käppchenferse (> Seite 20) str. Die M-Einteilung für das Käppchen ist je 10 M für die Seitenteile und 9 M für den Mittelteil. Nach Beendigung der Ferse auf der 1. und 4. Nd glatt rechts (> Seite 13), auf der 2. und 3. Nd mustergemäß im Lochmuster arbeiten. Bis zu einer Gesamtfußlänge von 18,5 cm (= 14x die 4 Rd des Lochmusters ab Ferse, 29x ab Bündchen) in dieser M-Einteilung weiterstr.

6 Noch 2 Rd glatt rechts str, dabei die letzte M der 3. Nd wieder zurück auf die 4. Nd heben (15 M pro Nd). Der Fuß hat nun eine Gesamtlänge von 19 cm. In der nächsten Rd auf jeder Nd die ersten 2 M rechts zusammenstr (= 56 M insgesamt, 14 M pro Nd). 6 Rd glatt rechts arbeiten. Dann eine Sternspitze (> Seite 30) str. Den Faden abschneiden, die letzten 8 M mit dem Arbeitsfaden doppelt zusammenziehen und auf der Innenseite vernähen. Den Anfangsfaden ebenfalls vernähen. Die zweite Socke genauso arbeiten.

2
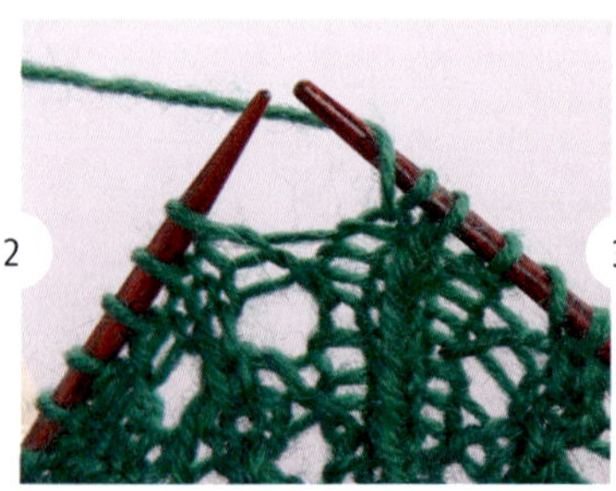

3
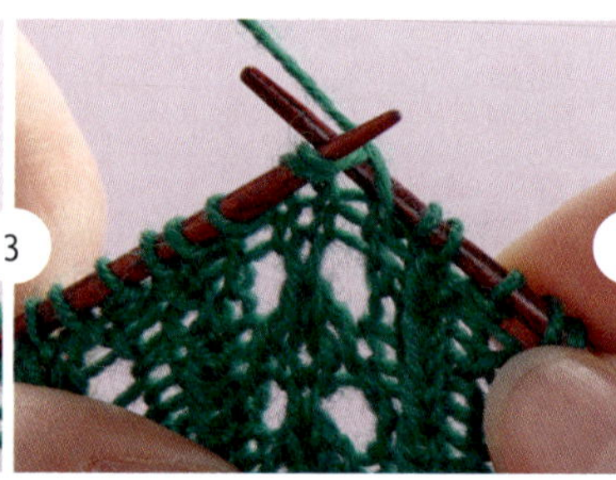

4
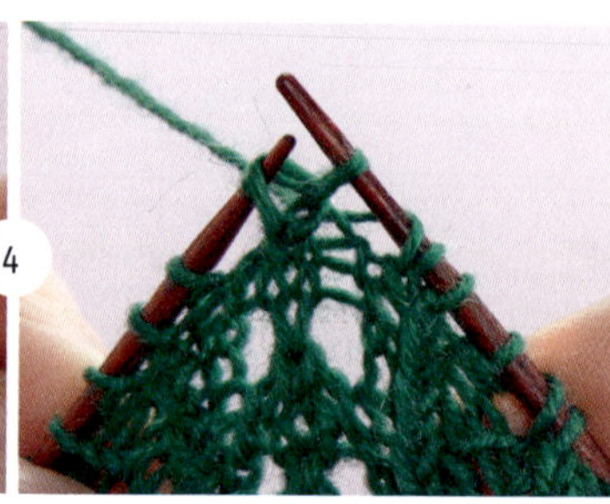

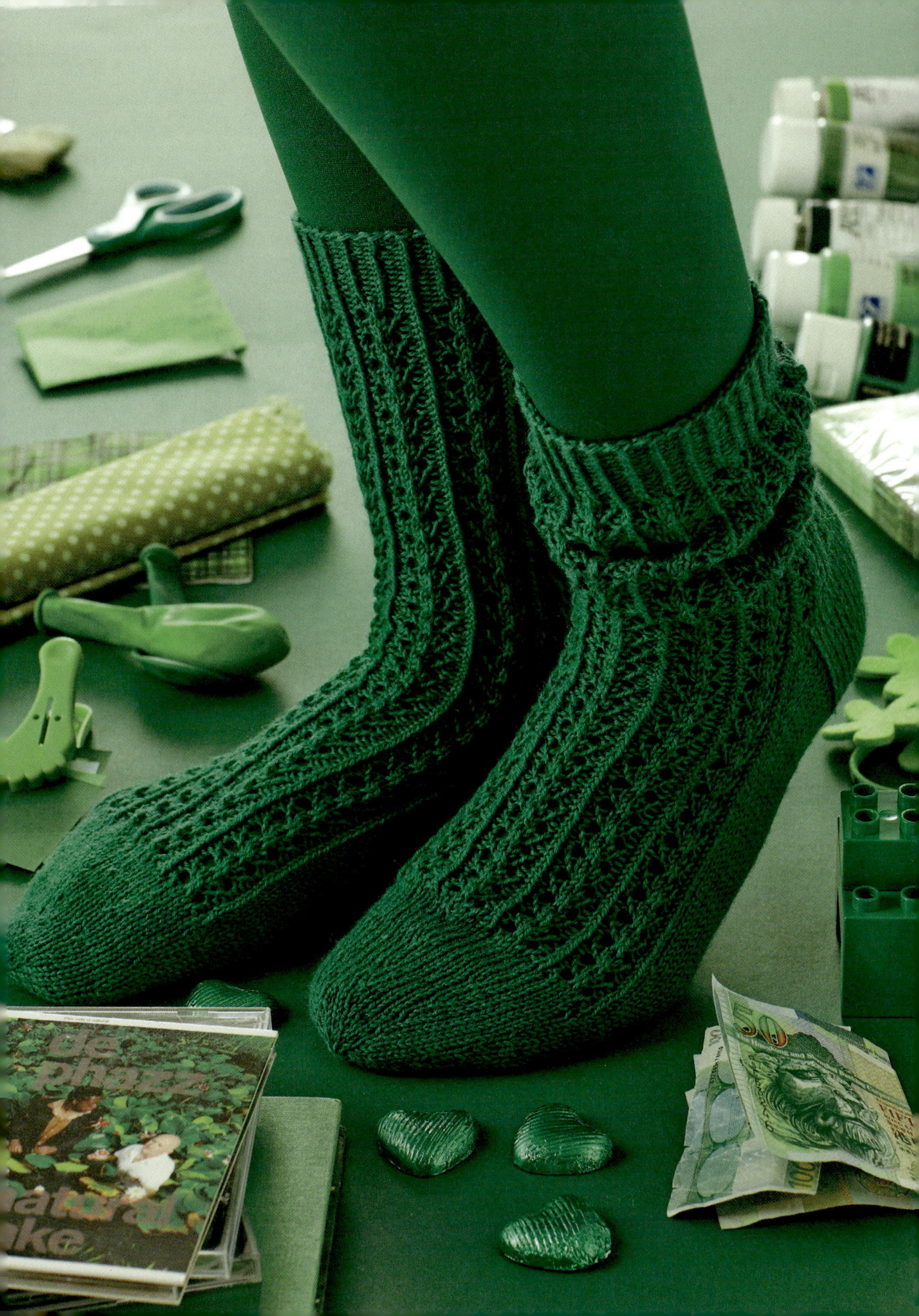
de
phazz

●●●

GRÖSSE

42/43
Maschenzahl teilbar durch 4.

MATERIAL

- Sockengarn 4-fädig (LL 210 m/50 g) in Hellgrau meliert, 100 g
- Nadelspiel 2,5 mm
- Zopfnadel
- je 1 dicke Sticknadel mit und ohne Spitze

MASCHENPROBE

Glatt rechts mit Nd 2,5 mm
30 M und 42 R = 10 cm x 10 cm

1 68 M anschlagen, auf 4 Spielnd verteilen (18-16-18-16 M) und zur Rd schließen, ohne die Anschlagkante zu verdrehen. Zunächst für das Bündchen mit zwei Zopfstreifen die **1. Rd** wie folgt arbeiten: 1. Nd: 4x [2 M rechts, 2 M links], 2 M rechts str. 2. Nd: 2 M links, 4 M rechts, 2 M links, 2x [2 M rechts, 2 M links] str. 3. Nd: 3x [2 M rechts, 2 M links], 4 M rechts, 2 M links str. 4. Nd: 4x [2 M rechts, 2 M links] str. **2.-5. Rd:** Wie die 1. Rd arbeiten.

2 In der **6. Rd** für die ersten beiden Verzopfungen wie folgt arbeiten: 1. Nd: 4x [2 M rechts, 2 M links], 2 M rechts str. 2. Nd: 2 M links, 2 M auf einer Hilfsnadel hinter die Arbeit legen, ...

3 ... 2 M rechts str.

4 Dann die M von der Hilfsnadel rechts str, 2 M links, 2x [2 M rechts, 2 M links] str.

5 3. Nd: 3x [2 M rechts, 2 M links], 2 M auf einer Hilfsnadel vor die Arbeit legen, 2 M rechts, ...

6 ... die M von der Hilfsnadel rechts str, 2 M links str. 4. Nd: 4x [2 M rechts, 2 M links] str. Die 1.-6. Rd insgesamt 5x str (= 30 Rd). Anschließend für den Schaft bis zu einer Gesamtschaftlänge von ca. 20 cm auf der 1. und 4. Nd glatt rechts (> Seite 13), auf der 2. Nd den Zopf über die ersten 8 M und auf der 3. Nd den Zopf über die letzten 8 M weiterstr, d. h., die M-Verzopfung in jeder 6. Rd ausführen. Die M dazwischen ebenfalls glatt rechts str. Dabei in der 1. Rd auf der 1., 3. und 4. Nd die 7. und 8. M, auf der 2. Nd die 11. und 12. M rechts zusammenstr (= 64 M insgesamt).

7 Vor Beginn der Ferse die M ab dem Rd-Beginn gleichmäßig auf die 4 Spielnd verteilen (16 M pro Nd). Nun über die 32 M der 1. und 4. Nd eine Bumerangferse (> Seite 24) str. Die M-Einteilung ist je 10 M für die Seitenteile und 12 M für den Mittelteil. Nach Beendigung der Ferse auf der 1. und 4. Nd glatt rechts, auf der 2. und 3. Nd mustergemäß glatt rechts bzw. den Zopfstreifen wie bisher bis zu einer Gesamtfußlänge von 21 cm str.

8 Noch 4 Rd glatt rechts anfügen. Dann eine Bandspitze (> Seite 28) str. Den Faden abschneiden, die letzten 8 M mit dem Arbeitsfaden doppelt zusammenziehen und auf der Innenseite vernähen. Den Anfangsfaden ebenfalls vernähen. Die zweite Socke genauso arbeiten.

2
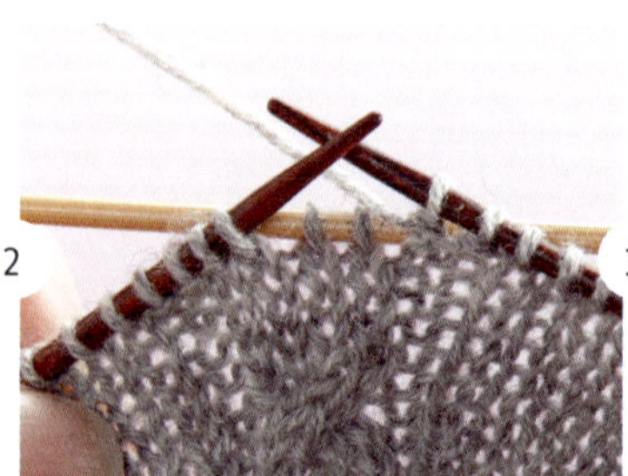

3
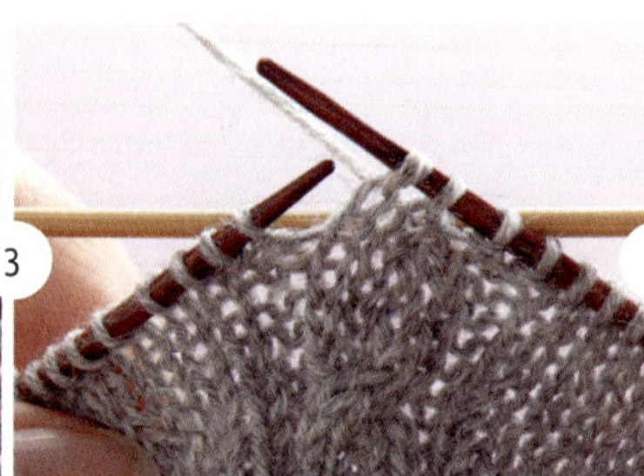

4
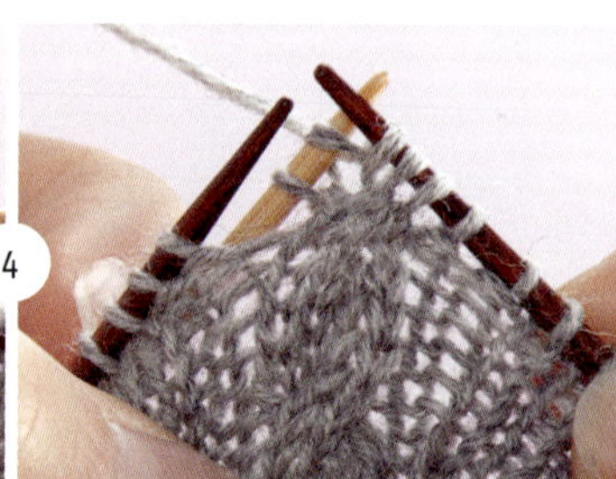

ZOPF UM ZOPF

In edlem Grau für Ihn

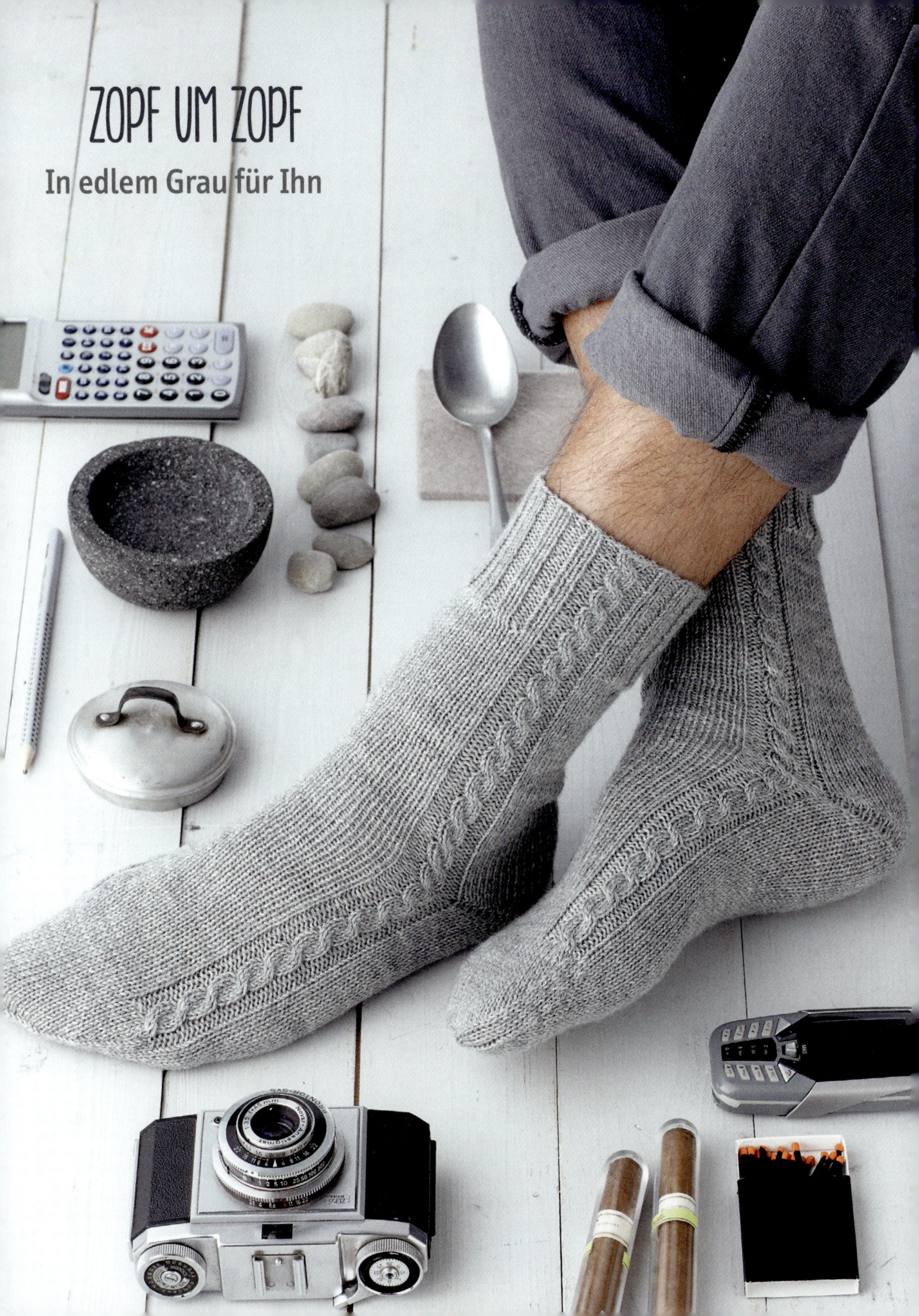

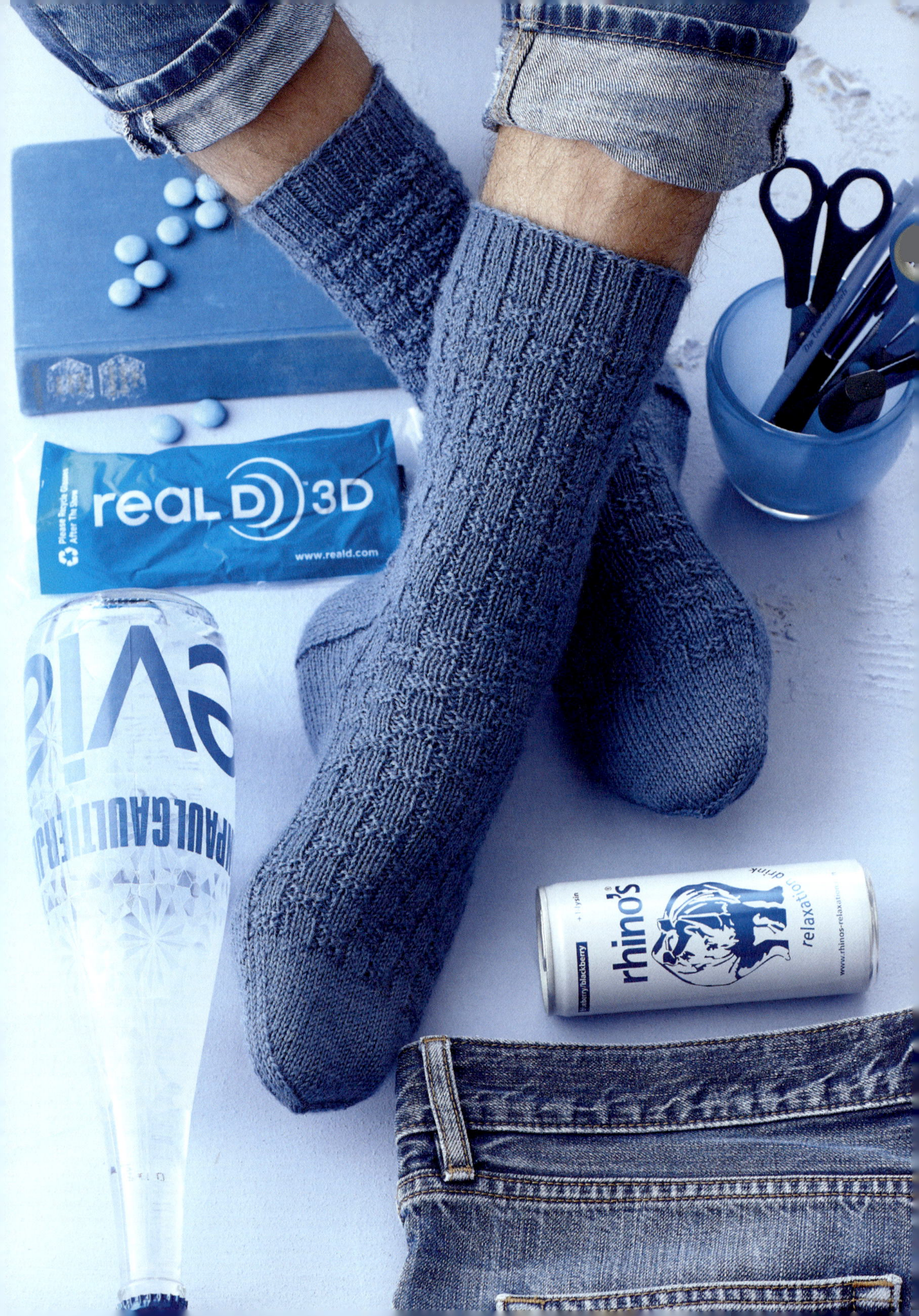
real D 3D
www.reald.com
rhino's
relaxation drink

FLECHTWERK

Raffiniertes Muster in sanftem Blau

GRÖSSE

42/43
Maschenzahl teilbar durch 8.

MATERIAL

- Sockengarn 4-fädig (LL 210 m/50 g) in Taubenblau, 100 g
- Nadelspiel 2,5 mm
- je 1 dicke Sticknadel mit und ohne Spitze

MASCHENPROBE

Glatt rechts mit Nd 2,5 mm
30 M und 42 R = 10 cm x 10 cm

1 64 M anschlagen, gleichmäßig auf 4 Spielnd verteilen (= 16 M pro Nd) und zur Rd schließen, ohne die Anschlagkante zu verdrehen. Für das Bündchen 15 Rd 3 M rechts, 1 M links im Wechsel str.

2 Anschließend für den Schaft im Flechtmuster wie folgt arbeiten: **1. und 2. Rd:** Rechte M str. **3. Rd:** * 3 M rechts, 2 M links, 1 M rechts, 2 M links, ab * bis zum Ende der Rd fortlaufend wiederholen.

3 **4. Rd:** * 3 M rechts, 2x [1 M links, 1 M rechts], 1 M links, ab * bis zum Ende der Rd fortlaufend wiederholen. **5. Rd:** Wie die 3. Rd str. **6. Rd:** Wie die 4. Rd str. **7. und 8. Rd:** Rechte M str.

4 **9. Rd:** * 1 M links, 1 M rechts, 2 M links, 3 M rechts, 1 M links, ab * bis zum Ende der Rd fortlaufend wiederholen. **10. Rd:** * 2x [1 M rechts, 1 M links], 3 M rechts, 1 M links, ab * bis zum Ende der Rd fortlaufend wiederholen. **11. Rd:** Wie die 9. Rd str. **12. Rd:** Wie die 10 Rd str. Die 1.-12. Rd des Flechtmusters insgesamt 6x arbeiten.

5 Damit das Muster auf dem Oberfuß symmetrisch weiterläuft, die letzte M der 1. Nd mit auf die 2. Nd heben. Dadurch ergeben sich für die Ferse auf der 1. und 4. Nd 31 M, für den Oberfuß auf der 2. und 3. Nd 33 M. Nun über die 31 M der 1. und 4. Nd eine Käppchenferse (> Seite 20) str. Die M-Einteilung für das Käppchen ist je 10 M für die Seitenteile und 11 M für den Mittelteil. Nach Beendigung der Ferse auf der 1. und 4. Nd glatt rechts (> Seite 13), auf der 2. und 3. Nd mustergemäß im Flechtmuster bis zu einer Gesamtfußlänge von 21 cm str, mit einer 6. oder 12. Rd enden.

6 Nun noch 4 Rd glatt rechts anfügen, dabei die 1. M der 2. Nd wieder auf die 1. Nd heben (16 M pro Nd). Eine Bandspitze (> Seite 28) str. Den Faden abschneiden, die letzten 8 M mit dem Arbeitsfaden doppelt zusammenziehen und auf der Innenseite vernähen. Den Anfangsfaden ebenfalls vernähen. Die zweite Socke genauso arbeiten.

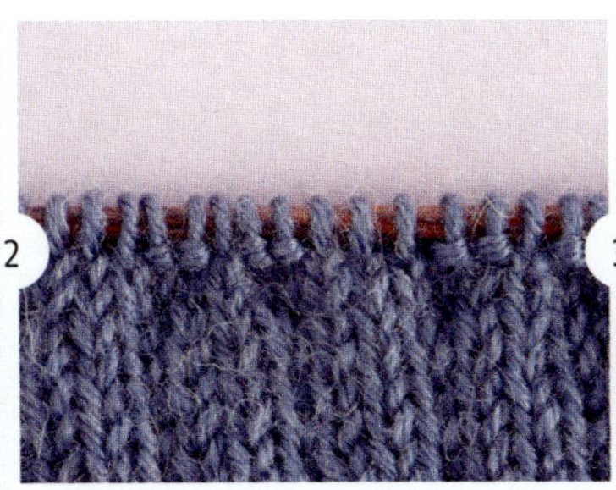

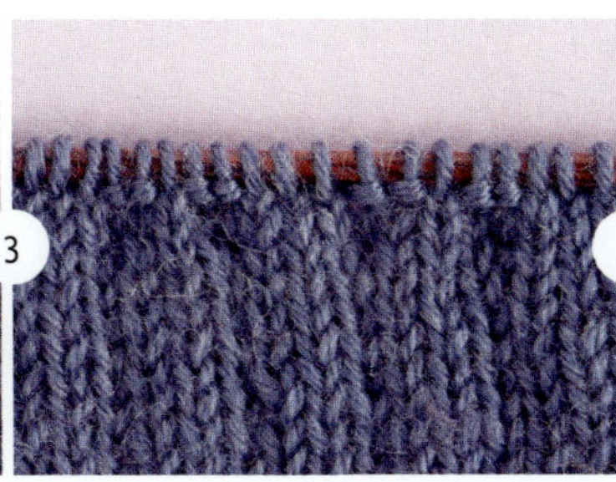

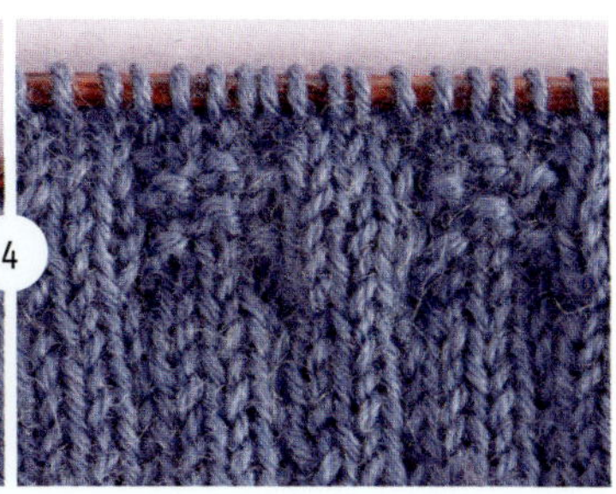

KRÄUTERGARTEN

Strukturmuster in zartem Salbei

GRÖSSE

42/43
Maschenzahl teilbar durch 4.

MATERIAL

- Sockengarn 4-fädig (LL 200 m/50 g) in Salbei, 100 g
- Nadelspiel 2,5 mm
- je 1 dicke Sticknadel mit und ohne Spitze

MASCHENPROBE

Glatt rechts mit Nd 2,5 mm
30 M und 42 R = 10 cm x 10 cm

1 64 M anschlagen, gleichmäßig auf 4 Spielnd verteilen (16 M pro Nd) und zur Rd schließen, ohne die Anschlagkante zu verdrehen. Ein 2/2-Rippenbündchen (> Seite 17) über 15 Rd str. Dann 1 Rd rechte M, 1 Rd linke M und noch 1 Rd rechte M arbeiten.

2 Nun für den Schaft im großen Perlmuster wie folgt str: **1. und 2. Rd:** 1 M rechts, 1 M links im Wechsel str.

3 **3. und 4. Rd:** 1 M links, 1 M rechts im Wechsel str.

4 Die 1.-4. Rd noch 4x wiederholen, dann die 1. Rd noch 1x arbeiten (= 21 Rd).

5 Jetzt wieder 1 Rd rechte M, 1 Rd linke M und 1 Rd rechte M str. Dann im Rippenmuster wie folgt weiterarbeiten: **1. Rd:** * 3 M rechts, 1 M links, ab * bis zum Ende der Rd fortlaufend wiederholen. **2. Rd:** Alle M rechts str. Die 1. und 2. Rd fortlaufend wiederholen, bis eine Gesamtlänge von ca. 18 cm erreicht ist, mit einer 2. Rd enden. Damit das Rippenmuster auf dem Oberfuß symmetrisch weiterläuft, die ersten 2 M der 4. Nd mit auf die 3. Nd und die 1. M der 2. Nd auf die 1. Nd heben. Dadurch ergeben sich für die Ferse auf der 1. und 4. Nd 31 M, für den Oberfuß auf der 2. und 3. Nd 33 M.

6 Nun über die 31 M der 1. und 4. Nd eine Käppchenferse (> Seite 20) str. Die M-Einteilung für das Käppchen ist je 10 M für die Seitenteile und 11 M für den Mittelteil. Nach Beendigung der Ferse auf der 1. und 4. Nd glatt rechts (> Seite 13), auf der 2. und 3. Nd mustergemäß im Rippenmuster bis zu einer Gesamtfußlänge von 21 cm str. Noch 4 Rd glatt rechts anfügen, dabei die letzten 2 M der 3. Nd wieder auf die 4. Nd und die 1. M der 1. Nd auf die 2. Nd heben (16 M pro Nd).

7 Eine Bandspitze (> Seite 28) str. Den Faden abschneiden, die letzten 8 M mit dem Arbeitsfaden doppelt zusammenziehen und auf der Innenseite vernähen. Den Anfangsfaden ebenfalls vernähen. Die zweite Socke genauso arbeiten.

2

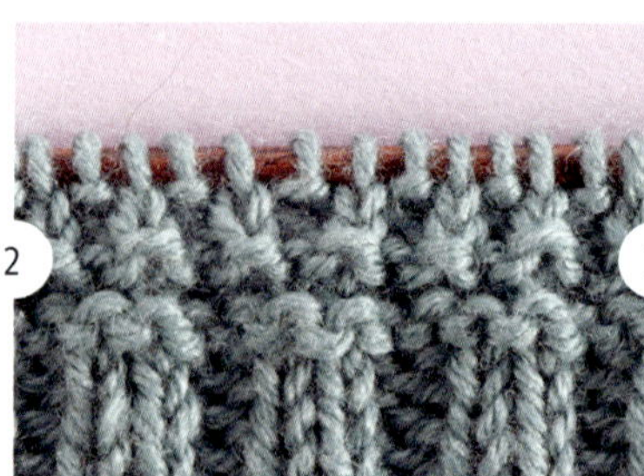

3

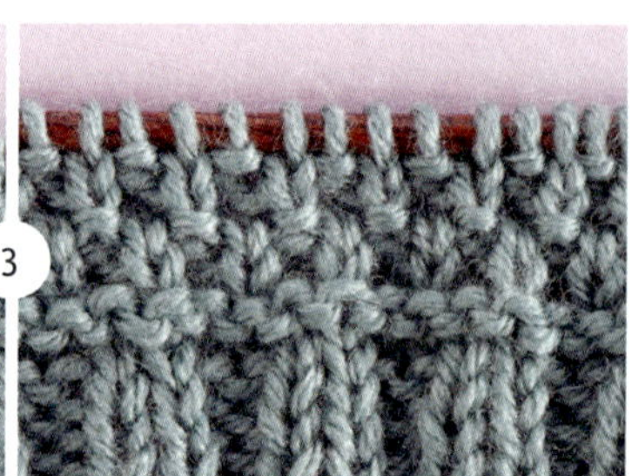

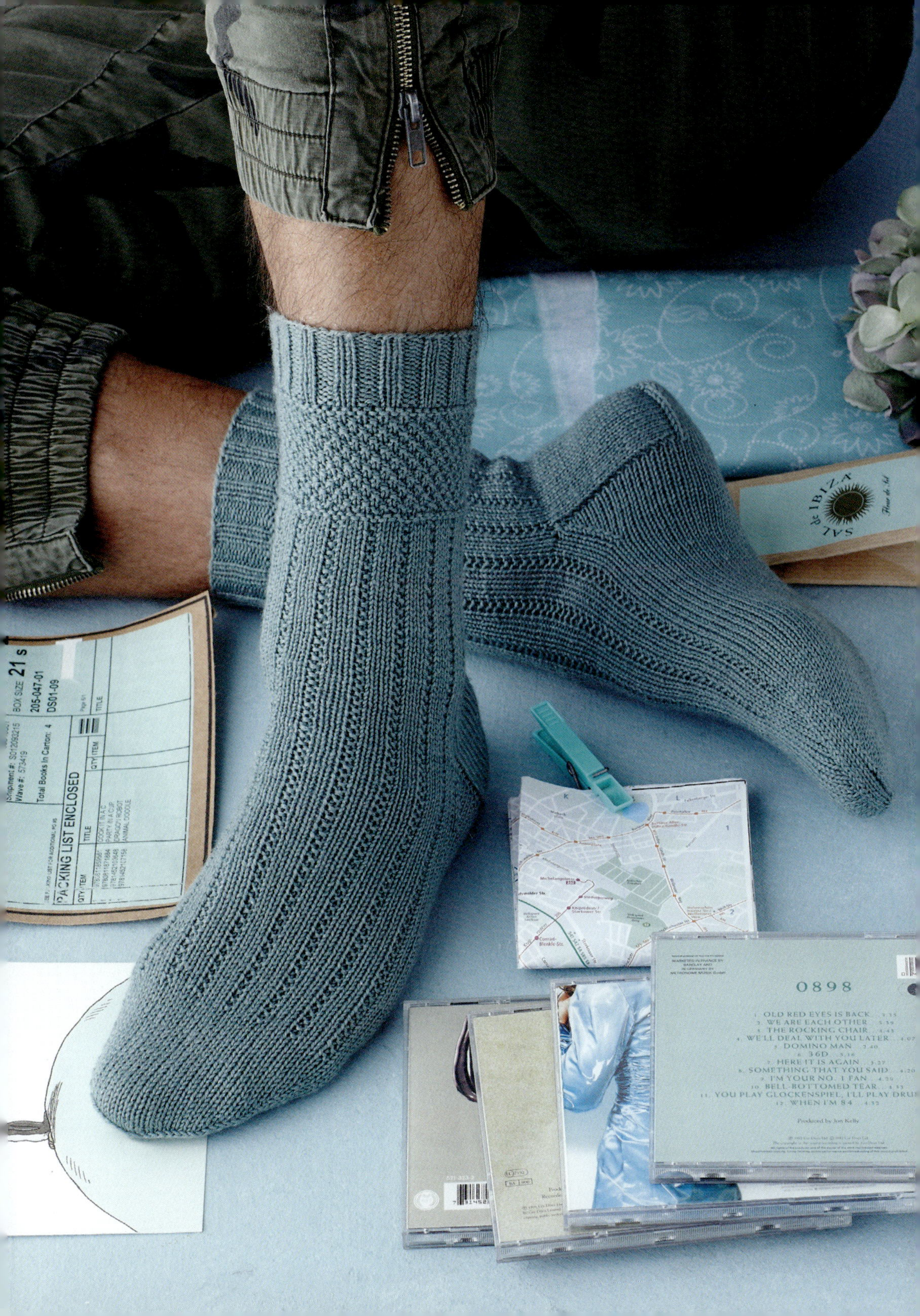

PACKING LIST ENCLOSED
SAL de IBIZA
Fleur de Sel
0898
1. OLD RED EYES IS BACK
2. WE ARE EACH OTHER
3. THE ROCKING CHAIR
4. WE'LL DEAL WITH YOU LATER
5. DOMINO MAN
6. 36D
7. HERE IT IS AGAIN
8. SOMETHING THAT YOU SAID
9. I'M YOUR NO. 1 FAN
10. BELL-BOTTOMED TEAR
11. YOU PLAY GLOCKENSPIEL, I'LL PLAY DRU
12. WHEN I'M 84
Produced by Jon Kelly

MANEGE FREI

Kindersocken in Regenbogenfarben

●●●

GRÖSSE

32/33
Alle Maschenzahlen möglich.

MATERIAL

- Sockengarn 4-fädig (LL 210 m/50 g) in Ringel Clown, 50 g
- Sockengarn 4-fädig (LL 210 m/50 g) in Knallfrosch, Rest
- Nadelspiel 2,5 mm
- je 1 dicke Sticknadel mit und ohne Spitze

MASCHENPROBE

Glatt rechts mit Nd 2,5 mm
30 M und 42 R = 10 cm x 10 cm

1 56 M in Knallfrosch anschlagen, gleichmäßig auf 4 Spielnd verteilen (14 M pro Nd) und zur Rd schließen, ohne die Anschlagkante zu verdrehen. Ein 2/2-Rippenbündchen (> Seite 17) über 8 cm str.

2 Dann für den Schaft zu Ringel Clown wechseln, dabei möglichst am Anfang eines orange-gelben Farbrapportes beginnen und ca. 10 cm glatt rechts (> Seite 13) arbeiten. Mit einem kompletten (hier: blauen) Ringel enden.

3 Nun über die 28 M der 1. und 4. Nd eine Bumerangferse (> Seite 24) str. Die M-Einteilung ist je 9 M für die Seitenteile und 10 M für den Mittelteil. Nach Beendigung der Ferse glatt rechts bis zu einer Gesamtfußlänge von 17 cm weiterstr. Am besten mit einem kompletten (hier: pinkfarbenen) Ringel enden. Sollte nach dem letzten Ringel die Gesamtfußlänge noch nicht ganz erreicht sein, bis zum Beginn der Spitze bereits jetzt in Knallfrosch str.

4 Nun in Knallfrosch die 1. Abnahme-Rd einer Bandspitze (> Seite 28) str und nach folgendem Abnahmeschema weiterarbeiten: 2x in jeder 3. Rd, 3x in jeder 2. Rd und 6x in jeder Rd. Den Faden abschneiden, die letzten 8 M mit dem Arbeitsfaden doppelt zusammenziehen und auf der Innenseite vernähen.

5 Alle losen Fäden und den Anfangsfaden ebenfalls vernähen. Die zweite Socke genauso arbeiten.

1
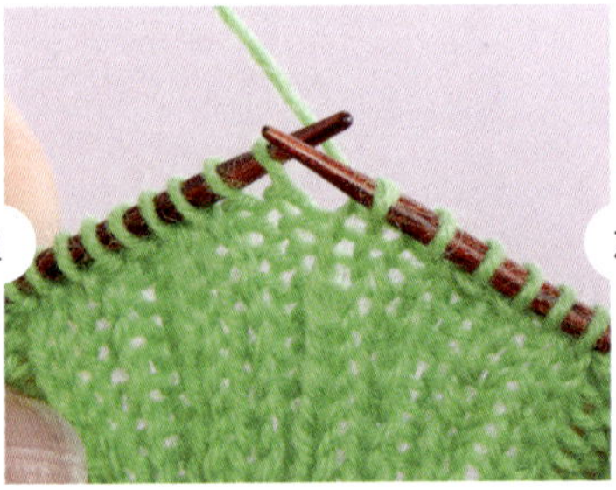

2
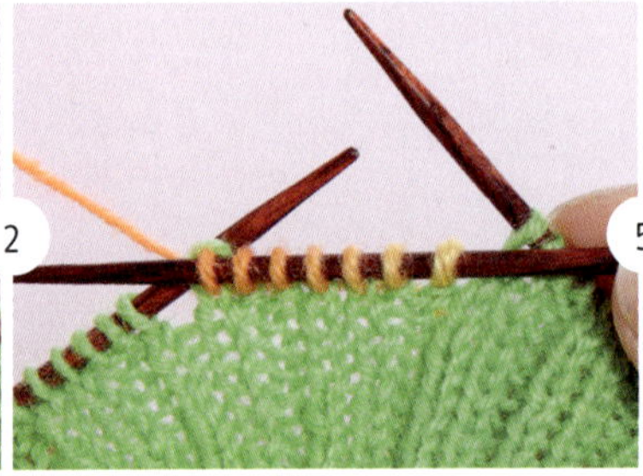

5
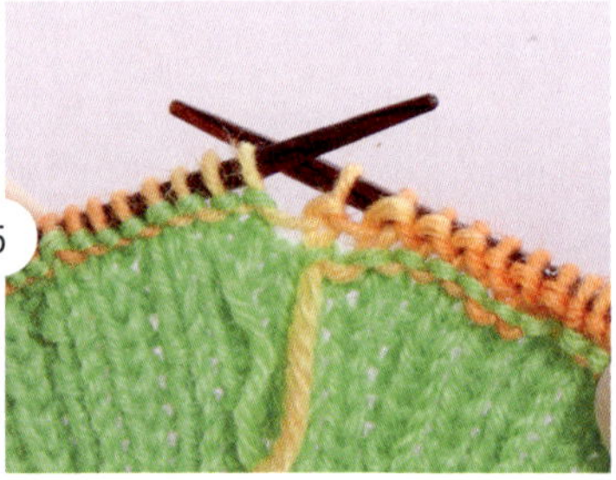

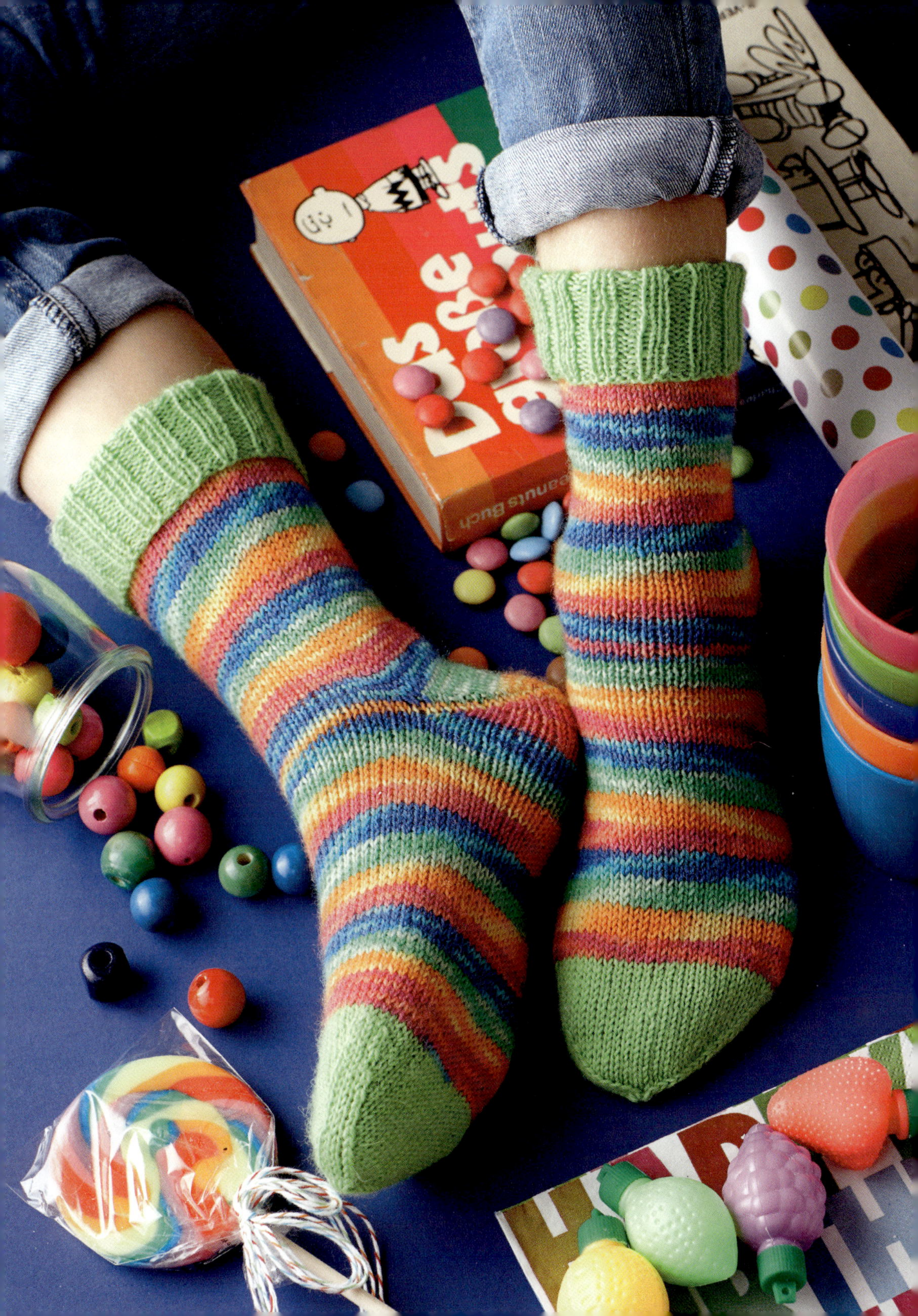

SCHLECKERMÄULCHEN

Mit Rollrand in Bonbonfarben

GRÖSSE

24/25

MATERIAL

- Sockengarn 4-fädig (LL 210 m/50 g) in Candy Color, 50 g
- Nadelspiel 2,5 mm
- je 1 dicke Sticknadel mit und ohne Spitze

MASCHENPROBE

Glatt rechts mit Nd 2,5 mm
30 M und 42 R = 10 cm x 10 cm

1 48 M anschlagen, gleichmäßig auf 4 Spielnd verteilen (12 M pro Nd) und zur Rd schließen, ohne die Anschlagkante zu verdrehen. Für den Rollrand 8 Rd glatt rechts (> Seite 13) str.

2 Anschließend für das Bündchen 15 Rd 2 M rechts, 1 M links im Wechsel str. Für den Schaft noch 20 Rd glatt rechts arbeiten.

3 Nun über die 24 M der 1. und 4. Nd eine Bumerangferse (> Seite 24) str. Die M-Einteilung ist je 8 M für die Seitenteile und den Mittelteil. Nach Beendigung der Ferse bis zu einer Fußlänge von 13 cm glatt rechts weiterstr.

TIPP
Der Rollrand kann auch einfach weggelassen werden.

4 Dann eine Sternspitze (> Seite 30) str. Den Faden abschneiden, die letzten 8 M doppelt mit dem Arbeitsfaden zusammenziehen und auf der Innenseite vernähen. Den Anfangsfaden ebenfalls vernähen. Den Rollrand ausformen. Die zweite Socke genauso arbeiten.

1

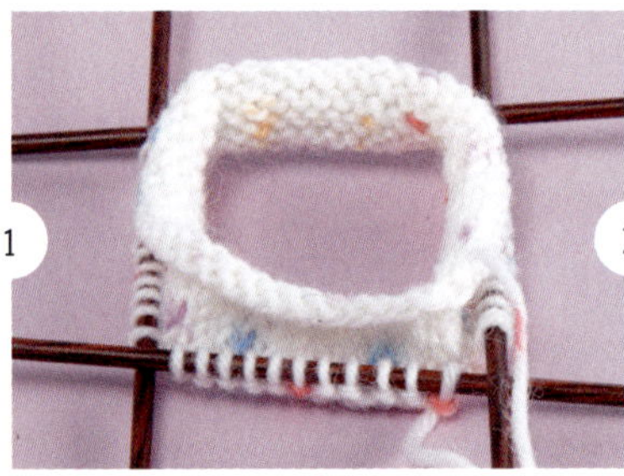

2

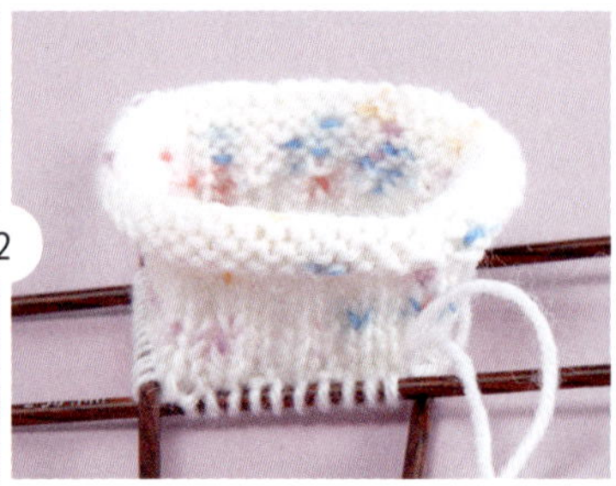

TIPP

Dieses Modell lässt sich ganz leicht in so gut wie allen Größen stricken, solange die Maschenzahl für das Bündchen durch 3 teilbar ist. Am besten die nächsthöhere Maschenzahl als die angegebene wählen (z. B. 66 statt 64 Maschen) und in der 1. Runde nach dem Bündchen auf die für die jeweilige Größe angegebene Anzahl reduzieren, dazu gleichmäßig verteilt entsprechend viele Maschen rechts zusammenstricken.

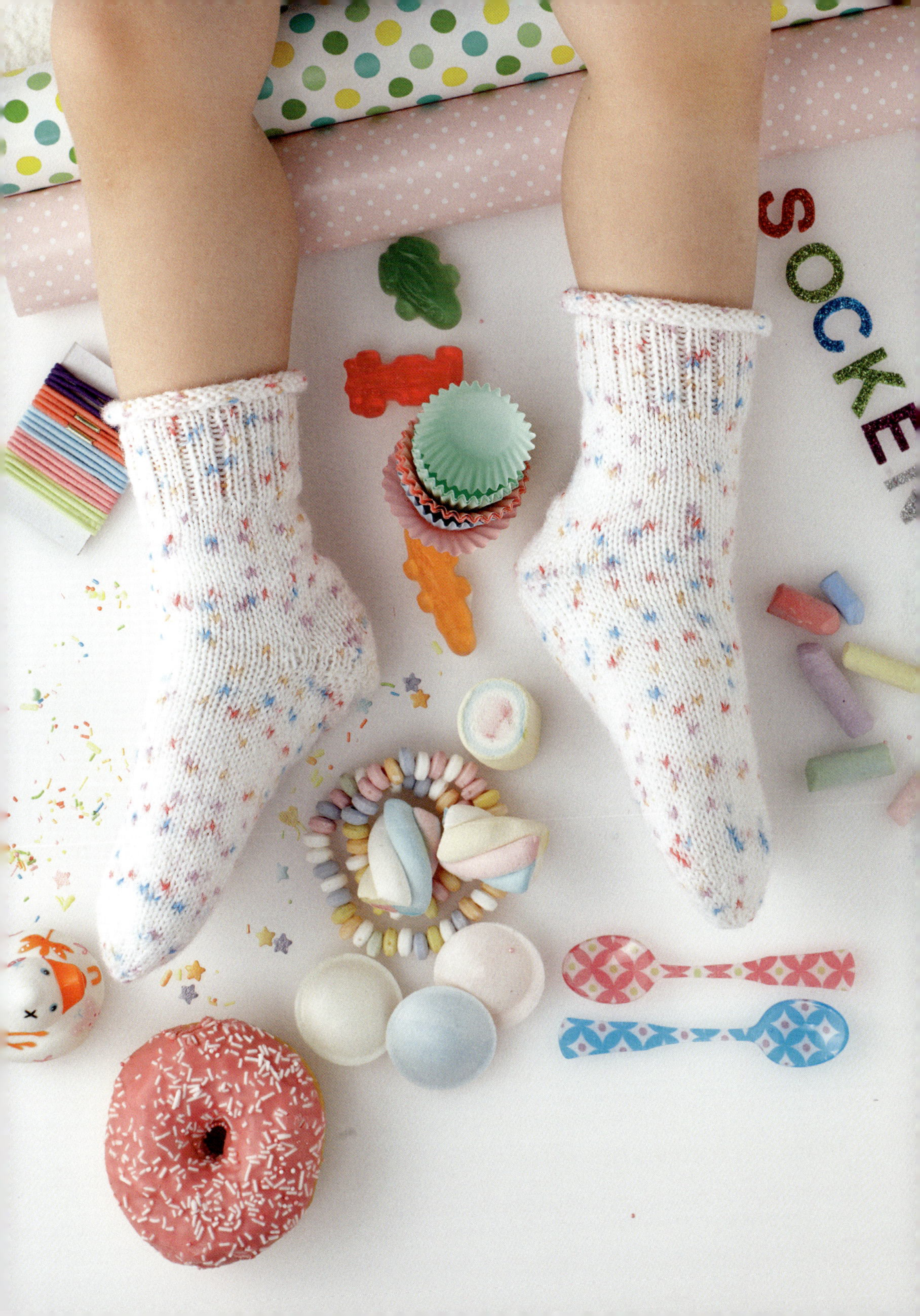
SOCKE

GLOSSAR

ABHEBEN Wird eine Masche abgehoben, wird sie nur von der rechten auf die linke Nadel gehoben und nicht gestrickt. Dies kann wie zum Rechtsstricken oder wie zum Linksstricken geschehen und der nicht verstrickte Faden kann vor oder hinter der Arbeit verlaufen.

ARBEITSFADEN Der Arbeitsfaden ist der Faden, der zum Knäuel läuft und mit dem gestrickt wird.

ARBEITSNADEL Die Arbeitsnadel ist die rechte Nadel, die zuerst leer ist und auf die beim Stricken nach und nach die Maschen von der linken Nadel wandern.

BANDEROLE Banderole nennt man den Papierzettel, der normalerweise um ein Wollknäuel gewickelt ist. Er enthält wichtige Informationen zu den Eigenschaften und der Pflege eines Garnes.

BANDSPITZE Die Bandspitze ist eine runde Sockenspitze, die mit zwei verschiedenen Arten von Abnahmen gearbeitet wird (> Seite 28).

BUMERANGFERSE Die Bumerangferse ist die klassische Schrägnahtferse mit verkürzten Reihen und Doppelmaschen und passt vor allem Füßen mit niedrigem Spann (> Seite 24).

BÜNDCHEN Mit dem Bündchen beginnt die Socke. Es sollte gleichzeitig elastisch und fest sein, damit es gut am Bein sitzt und nicht ausleiert. Meistens werden hierfür spezielle Rippenmuster verwendet (> Seite 17).

FADENENDE Das Fadenende ist das kurze Fadenstück, das am Beginn der Socke oder nach einem Knäuelwechsel hängen bleibt. Nach Fertigstellung der Socke müssen alle Fadenenden vernäht werden (> Seite 19).

GARNSTÄRKE Sockengarne werden in verschiedenen Garnstärken angeboten: 4-fädig, 6-fädig und 8-fädig. Alle Garnstärken erfordern jeweils unterschiedliche Nadelstärken und Maschenzahlen. Für die unterschiedlichen Garnstärken gibt es daher verschiedene Tabellen. In diesem Buch wird nur 4-fädiges Garn verwendet.

GLATT LINKS Typisches Strickmuster aus rechten und linken Maschen, das auf der Vorderseite kraus, auf der Rückseite glatt erscheint (> Seite 13).

GLATT RECHTS Typisches Strickmuster aus rechten und linken Maschen, das auf der Vorderseite glatt, auf der Rückseite kraus erscheint (> Seite 13).

HINREIHE Als Hinreihen werden alle Reihen mit ungerader Nummerierung, beginnend mit der 1. Reihe, bezeichnet.

KÄPPCHENFERSE Die Käppchenferse ist der Klassiker unter den Fersen. Sie besteht aus Fersenwand, Käppchen und Spickel und ist vor allem für Füße mit hohem Spann geeignet (> Seite 20).

KRAUS RECHTS Typisches Strickmuster aus rechten Maschen, das auf Vorder- und Rückseite kraus erscheint (> Seite 13).

LINKSGENEIGTE ABNAHME Werden zwei Maschen rechts abgehoben zusammengestrickt (> Seite 12), so neigt sich die Abnahme im Maschenbild später nach links.

MASCHENMARKIERER Ein Maschenmarkierer besteht meist aus einer Öse oder Schlaufe, die auf eine Stricknadel gehängt werden kann. Er kann z. B. den Rundenbeginn kennzeichnen. Erreicht man den Maschenmarkierer, wird er einfach von der linken auf die rechte Nadel gehoben. Alternativ leisten auch Büroklammern oder geknotete Garnschlaufen gute Dienste.

MASCHENNADEL Die Maschennadel ist die linke Nadel, auf der die noch ungestrickten Maschen liegen.

MASCHENPROBE Ein Probestück, das vor Beginn der eigentlichen Strickarbeit angefertigt werden sollte, um Strickfestigkeit und Nadelstärke zu überprüfen.

NADELSPIEL Set aus 5 Nadeln in 15 oder 20 cm Länge, die an beiden Enden mit Spitzen versehen sind. Mit ihnen können Runden in kleinem Umfang gestrickt werden. Manche Hersteller liefern bei Holz- oder Bambusausführungen eine 6. Nadel mit, falls einmal eine Nadel zu Bruch geht.

NADELSTÄRKE Die Stärke von Stricknadeln wird in Millimeter (mm) angegeben. Für Socken aus 4-fädigem Garn eignen sich normalerweise Stärken zwischen 2,0 mm und 3,0 mm. Sockennadeln werden häufig in Abstufungen von 0,25 mm angeboten.

OBERFUSS Der Oberfuß ist der Teil der Socke, der später auf dem Fußrücken liegt. Er wird normalerweise über die 2. und 3. Nadel des Nadelspiels gestrickt. Er kann gemustert oder glatt rechts gearbeitet werden.

RECHTSGENEIGTE ABNAHME Werden zwei Maschen rechts zusammengestrickt (> Seite 12), so neigt sich die Abnahme im Maschenbild später nach rechts.

REIHE Wird in Reihen gestrickt, so wird die Arbeit nach einer bestimmten Anzahl von Maschen gewendet und in die entgegengesetzte Richtung zurückgestrickt. Es ergibt sich dadurch ein flaches Teil. Dies benötigt man bei Socken an der Ferse.

RÜCKREIHE Als Rückreihen werden alle Reihen mit gerader Nummerierung, beginnend mit der 2. Reihe, bezeichnet.

RUNDE Strickt man in Runden, so wird die Arbeit nie gewendet, sondern immer wieder über den Rundenanfang hinweg gestrickt. Es ergibt sich eine Schlauchform. Auf diese Weise wird der größte Teil der Socke gearbeitet.

RUNDENBEGINN Eine Runde ist beendet, wenn alle 4 Nadeln abgestrickt wurden. Der Rundenbeginn liegt üblicherweise zwischen der 4. und 1. Nadel und ist durch das Fadenende markiert.

SCHAFT Als Schaft wird der Teil der Socke bezeichnet, der zwischen Bündchen und Ferse liegt.

SELBSTMUSTERNDES GARN Selbstmusternde Garne werden vom Hersteller mehrfarbig so bedruckt, dass sich beim Stricken automatisch ein Farbmuster ergibt.

SOHLE Der Teil der Socke, auf dem später gelaufen wird. Er wird normalerweise über die 1. und 4. Nadel gearbeitet und sollte glatt rechts gestrickt werden.

SPICKEL Der Spickel verläuft zwischen der Ferse und der Mitte des Fußes und dient dazu, mehr Platz für den Spann zu schaffen.

STERNSPITZE Die Sternspitze ist eine dekorative Spitzenvariante, die vor allem für schmale, spitz zulaufende Füße geeignet ist. Es werden dabei nur rechtsgeneigte Abnahmen verwendet, die gleichmäßig über die gesamte Spitze verteilt werden (> Seite 30).

DIE AUTORIN

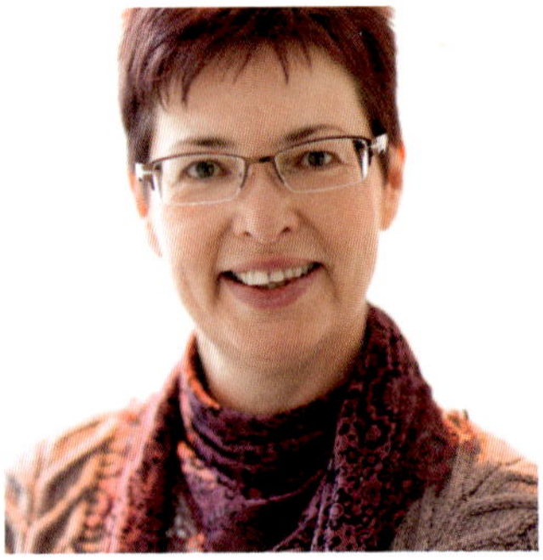

MANUELA BURKHARDT

Manuela Burkhardt, geboren 1963, zählte Stricken schon immer zu ihren liebsten Hobbys. Durch ihre drei Kinder blieb aber irgendwann nicht mehr viel Zeit für Wolle und Nadeln. Nach dem Verlust ihrer Arbeitsstelle aktivierte sie ihr Hobby wieder, welches sich bald zu einer wahren Leidenschaft auswuchs. Besonders Socken haben es ihr angetan, sodass sie bald begann, eigene Designs zu erstellen.

WIR SIND FÜR SIE DA!

Bei Fragen zu unserem umfangreichen Programm oder Anregungen freuen wir uns über Ihren Anruf oder Ihre Post. Loben Sie uns, aber scheuen Sie sich auch nicht, Ihre Kritik mitzuteilen – sie hilft uns, ständig besser zu werden.

Das Produktmanagement erreichen Sie unter:
pm@frechverlag.de

oder: frechverlag
Produktmanagement
Dieselstraße 5
70839 Gerlingen
Telefon 07 11 / 8 30 86 68

LERNEN SIE UNS BESSER KENNEN!

Fragen Sie Ihren Hobbyfach- oder Buchhändler nach unserem kostenlosen Magazin Meine kreative Welt. Darin entdecken Sie dreimal im Jahr die neuesten Kreativtrends und interessantesten Buchneuheiten.

Oder besuchen Sie uns im Internet! Unter www.topp-kreativ.de können Sie sich über unser umfangreiches Buchprogramm informieren, unsere Autoren kennenlernen sowie aktuelle Highlights und neue Kreativtechniken entdecken, kurz – die ganze Welt der Kreativität.

Kreativ immer up to date sind Sie mit unserem monatlichen Newsletter mit den aktuellsten News aus dem frechverlag, Gratis-Anleitungen und attraktiven Gewinnspielen.

IMPRESSUM

FOTOS: frechverlag GmbH, 70839 Gerlingen; lichtpunkt, Michael Ruder, Stuttgart

PRODUKTMANAGEMENT: Miriam Heil

LEKTORAT: Regina Sidabras, Berlin

UMSCHLAG-DESIGN UND INNENLAYOUT: independent Medien-Design, Horst Moser, München

GESTALTUNG: Petra Theilfarth

DRUCK: DZS Grafik, Slowenien

16. Auflage 2026

ISBN 978-3-7724-8182-6 • Best.-Nr. 8182